10日間完成

中1・2の総復習

別冊

本書と軽くのりづけされていますので，
はずしてお使いください。

5科

解答と解説

Gakken

英　語

1日目 現在の文

p.6 基礎の確認

❶ ①am ②are ③is
❷ ①plays
❸ ①Are ②Is ③Do ④Does
❹ ①not ②do not ③does not
❺ ①Don't

p.7 実力完成テスト

1 (1)am (2)are (3)don't (4)Does (5)Be
2 (1)is (2)gets〔wakes〕 (3)isn't (4)Are
(5)Don't
3 (1)are、is (2)do、is (3)Does、doesn't
4 (1)My mother does not speak Japanese(.)
(2)Is your brother an English teacher(?)
5 (1)Are you from Tokyo?
(2)Wash your hands.

解説 **1** (1)主語がI(私は)なので、be動詞は**am**。
(2)These stories(これらの話)は複数の主語なので、be動詞は**are**。
(3)一般動詞の否定文なので、**don't**が適切。
(4)your sister(あなたのお姉さん〔妹さん〕)は3人称単数の主語で一般動詞の疑問文なので、**Does**が適切。
(5)命令文は動詞の原形で文をはじめる。be動詞の原形はbeなので、**Be**が適切。
2 (1)3人称単数の主語で「～です」は**is**。
(2)「起きる」はget〔wake〕up。3人称単数の主語で一般動詞の文なので、**3単現の -s をつける**。
(3)is notの短縮形は**isn't**。
(4)主語はyou and Ashaで**複数**。
(5)否定の命令文は**Don't**ではじめる。
3 (1)主語のyou、Peteに合わせて、areとisを使い分ける。
(2)主語がyouの一般動詞の疑問文は**Do you ～?**でたずねる。2つ目の空所を含む文は「彼女は歌が上手です」の意味になるように、isを入れる。
(3)主語が3人称単数の一般動詞の疑問文。Does ～?にNoで答えるときにはdoesn'tを使う。
4 (1)**〈does not＋動詞の原形〉**の形。
(2)「あなたのお兄さん(your brother)」が主語で、「～ですか」はbe動詞の疑問文なので、Is your brother ～?と表す。
5 (1)「あなたは～出身ですか」は**Are you from ～?**と表す。
(2)命令文は**動詞の原形**で文をはじめる。

2日目 過去の文

p.8 基礎の確認

❶ ①was ②was ③were
❷ ①played ②used ③studied ④stopped
⑤did ⑥had ⑦went ⑧came
❸ ①Was ②Were ③Did ④Did
❹ ①not ②did not
❺ ①そのとき ②昨夜

p.9 実力完成テスト

1 (1)was (2)were (3)was (4)stayed (5)ran
2 (1)studied (2)read (3)wrote (4)said
(5)had
3 (1)were、was (2)Was、wasn't (3)Did、didn't
4 (1)(Tom) did not help me with my homework(.)
(2)What did you do last night(?)
5 (1)I was free last Saturday.
(2)My brother got〔woke〕 up early this morning.

解説 **1** それぞれ文末の語句から過去の文と判断し、過去形を選ぶ。(1)**three years ago**(3年前)、(2)**last week**(先週)、(3)**at that time**(そのとき)、(4)**last spring**(この前の春)、(5)**yesterday morning**(昨日の朝)。
(4)stay(滞在する)の過去形は**stayed**。
(5)run(走る)の過去形は**ran**。
2 (1)study(勉強する)の過去形は**studied**。
(2)read(読む)の過去形は**read**[red レッド]。
(3)write(書く)の過去形は**wrote**。
(4)say(言う)の過去形は**said**[sed セッド]。
(5)「楽しい時を過ごす」はhave a good time。haveの過去形は**had**。hadはspentでもよい。
3 (1)(2)空所を含む文には動詞がないのでbe動詞を入れ、主語に応じてwas、wereを使い分ける。
(3)一般動詞の過去の疑問文は**did**を使う。Did ～?にNoで答えるときには**didn't**を使う。
4 (1)「～しませんでした」は**〈did not＋動詞の原**

形〉の語順。「(人)の…を手伝う」は〈help＋人＋with＋事がら〉と表す。
(2)「何をしましたか」は What did ～ do …?。

5 (1)「私は～でした」は **I was ～.** と表す。「この前の土曜日」は last Saturday。
(2)「～しました」は**動詞の過去形**を使う。「起きる」は get〔wake〕up で表し、get の過去形は got、wake の過去形は woke とそれぞれ不規則に変化する。「今朝」は this morning。

3日目 進行形・未来の文

p.10 基礎の確認

❶ ①**am** ②**was** ③**singing** ④**running**
❷ ①**Was** ②**not**
❸ ①**is** ②**going** ③**will** ④**be**
❹ ①**Are** ②**Will** ③**not** ④**not**

p.11 実力完成テスト

1 (1)**listening** (2)**was** (3)**are**
(4)**is going** (5)**will**
2 (1)**are studying** (2)**Was、talking〔speaking〕**
(3)**wasn't swimming** (4)**is、going**
(5)**Will you**
3 (1)**Will、be、won't** (2)**Are、going、am**
(3)**Were、was**
4 (1)**My brother will be a vet in (the future.)**
(2)**How are you going to spend your (winter vacation?)**
5 (1)**It won't〔will not〕 be warm tomorrow.**
(2)**What are you doing?**

解説 **1** (1)現在進行形の文。listen to ～で「～を聞く」。be going to ～なら to のあとに動詞の原形が続くことになるので不適。
(2)yesterday(昨日)があるので過去進行形の文。
(3)主語が they のbe going to ～の文。
(4)主語が Aya のbe going to ～の文。
(5)next month(来月)から未来の文。**〈will＋動詞の原形〉**の形。

2 (1)現在進行形。主語がweなのでbe動詞はare。
(2)過去進行形の疑問文はふつうのbe動詞の過去の疑問文の場合と作り方は同じ。
(3)**swimming** のつづりに注意。
(4)be going to ～の疑問文はふつうのbe動詞の疑問文の場合と作り方は同じ。
(5)**「～してくれませんか」**は **Will you ～?** のほかに Can〔Could / Would〕you ～? でも表せる。

3 (1)「あなたは明日ひまですか」を Will you ～? でたずねる。be動詞の原形は be。答えの文の空所には、will not の短縮形 **won't** を入れる。
(2) to travel から、be going to ～の疑問文で未来の予定をたずねる。
(3)「昨夜8時ごろ、あなたはテレビでサッカーの試合を見ていましたか」という文にする。**過去進行形**は**〈was〔were〕＋～ing〉**の形で表す。

4 (1)**「～でしょう」**は**〈will＋動詞の原形〉**。
(2)文頭に How を置いて、予定をたずねる be going to ～ の疑問文の形を続ける。

5 (1)天候を表す It を主語にして、**「～ではないでしょう」**は **It will not be ～.** と表す。
(2)文頭に What を置いて、現在進行形の疑問文の形を続ける。

4日目 助動詞

p.12 基礎の確認

❶ ①**can** ②**may** ③**must**
❷ ①**Can** ②**not**
❸ ①**have to** ②**has to**
❹ ①**should**
❺ ①**May〔Can〕I** ②**Can〔Will〕you**
③**Could〔Would〕you**

p.13 実力完成テスト

1 (1)**play** (2)**to go** (3)**May** (4)**Can** (5)**Must**
2 (1)**cannot〔can't〕come**
(2)**should get〔wake〕** (3)**may be**
(4)**has、walk** (5)**Could〔Would〕you**
3 (1)**must not**
(2)**Can〔Will / Would / Could〕you**
4 (1)**(I) was able to answer the question(.)**
(2)**We should think about the problem(.)**
(3)**(What time) does he have to get home(?)**
5 (1)**May〔Can〕I use your bike〔bicycle〕?**
(2)**You don't have to worry about it.**

解説 **1** (1)助動詞のあとの動詞は原形。
(2)**have to** ～の形。
(3)**May I ～?** で「～してもいいですか」。

(4) **Can you ～?** で「～してくれますか」。

(5) **Must I ～?** で「～しなければなりませんか」。

2 (1)「～できない」は1語で **cannot** か **can't**。助動詞のあとには動詞の原形を置く。

(2)「～したほうがいい」は **should**。

(3)「～かもしれない」は **may**。be動詞の原形は be。

(4)「～しなければならない」は2語では **have〔has〕to**。主語が3人称単数なので has を使う。

(5)よりていねいに依頼するときは **Could〔Would〕you ～?** を使う。

3 (1)否定の命令文→**must not ～**(～してはいけない)(禁止を表す)。

(2)「～してください」→**Can〔Will / Would / Could〕you ～?**(～してくれますか〔していただけませんか〕)。

4 (1)「～できる」は **be able to ～**でも表せる。主語がIで過去の文なので、be動詞は was。

(2)「～すべきである」は **should**。「～について考える」は think about ～。

(3) have to ～の疑問文は一般動詞の疑問文と同じ作り方をする。

5 (1)「～してもいいですか」は **May〔Can〕I ～?**。

(2)「～する必要はない」は **don't have to ～**。**don't need to ～**でもよい。

5日目 疑問詞・代名詞・接続詞など

p.14 基礎の確認

1 ① **What** ② **Where**

2 ① **many** ② **much**

3 ① **my** ② **mine** ③ **your** ④ **him** ⑤ **hers** ⑥ **it** ⑦ **us** ⑧ **ours** ⑨ **yours** ⑩ **their** ⑪ **them**

4 ① **and** ② **When**

5 ① **at** ② **on** ③ **in**

p.15 実力完成テスト

1 (1) **we** (2) **long** (3) **When** (4) **on** (5) **at**

2 (1) **if** (2) **Which、or** (3) **How far** (4) **but** (5) **Who、us**

3 (1) **Whose** (2) **Because** (3) **How many**

4 (1) **(It) was snowing when I got up(.)**
(2) **(I) don't think that she can drive(.)**

5 (1) **How tall is that basketball player?**
(2) **School starts〔begins〕in April in Japan.**

解説

1 (1) you and Kaito は答えの文では **we** で表す。

(2)「所要時間」は **How long ～?** でたずねる。

(3)誕生日をたずねる疑問文。

(4)「私は7月4日にアメリカに到着した」という文。

(5)「午後2時に」は **at** 2 p.m. と表す。

2 (1)「もし～ならば」は接続詞で **if**。

(2)「どちら」は **Which ～?** でたずねる。「～か…か」は **or** を使う。

(3)「距離」は **How far ～?** でたずねる。

(4)「～だが…」は逆接の接続詞 **but** を使う。

(5)「だれが」は **Who ～?** でたずねる。前置詞 with のあとの代名詞は目的格。

3 (1)「私のものです」という答えから「だれの自転車か」とたずねる。

(2) Why ～? に理由を答えるときは、**Because ～.**(なぜなら～だから)を使う。

(3)「数」は **How many ～?** でたずねる。

4 (1) It のあとを過去進行形で表し、「～したとき」は **when ～**で表す。

(2)「～できないと思う」は I don't think (that) … can ～. (～できるとは思わない)と表す。この that はよく省略される。

5 (1)「身長」は **How tall ～?** でたずねる。

(2)ここでの「学校」は建物ではなく「学校教育」という機能を表すと考え、数えられない名詞としての school を主語にするのがよい。動詞は3単現の形。**「(国)では」**も**「(月)に」**も **in ～**で表す。

6日目 〈to＋動詞の原形〉・動名詞

p.16 基礎の確認

1 ① **to read** ② **to help** ③ **to hear** ④ **to do**

2 ① **dancing** ② **going**

3 ① **raining** ② **to study**

4 ① **how to**

5 ① **to come** ② **It、to sing**

p.17 実力完成テスト

1 (1) **to see** (2) **to be** (3) **writing** (4) **to look** (5) **learning**

2 (1) **eating** (2) **saying** (3) **to visit** (4) **to help** (5) **climbing**

3 (1) **(My father often) tells me to read books(.)**

(2) (It) is interesting for me to talk with (other people.)
(3) Do you know what to do (next?)
(4) They want something cold to (drink.)

4 (1) What do you want to be in the future?
(2) My brother is good at cooking.

解説 **1** (1)この to see は「～するために」を表す**〈to＋動詞の原形〉**。
(2) **want** は**不定詞を目的語**にとる。
(3) **finish** は**動名詞を目的語**にとる。
(4) **be surprised to** ～で「～して驚く」。
(5)前置詞のあとの目的語は動名詞。**be interested in ～ing** で「～することに興味がある」。

2 (1) **enjoy** は動名詞を目的語にとる。
(2) **without ～ing** で「～しないで」の意味。
(3) time to ～で「～する時間」の意味。
(4)**〈ask＋人＋to ～〉**で「(人)に～するようにたのむ」。
(5)前置詞(after)のあとなので動名詞。

3 (1)「(人)に～するように言う」は**〈tell＋人＋to ～〉**。
(2) **It … for — to ～.** (—にとって～することは…だ)の文。
(3)「何を～すべきか」は **what to ～**。
(4) something cold で「何か冷たいもの」。後ろに形容詞的用法の to drink を続けて「飲むための冷たいもの→冷たい飲み物」とする。

4 (1)「～になりたい」は **want to be〔become〕～**、「将来」は in the future。What would you like to be ～? でもよい。
(2)「～することがじょうずだ」は **be good at ～ing**。

7日目 いろいろな文型

p.18 基礎の確認

1 ① is ② were
2 ① Is ② not
3 ① looks ② became
4 ① give her
5 ① to her ② for me
6 ① call him ② made me

p.19 実力完成テスト

1 (1) are (2) was (3) told (4) get
2 (1) are not (2) look like (3) send you
3 (1) There are (2) teaches us (3) made
(4) call

4 (1) (Please) keep that door open(.)
(2) (Our parents) bought this piano for us(.)

5 (1) Can〔May〕 I ask you a〔one〕 question?
(2) There are two big〔large〕 parks in my town.
/ My town has two big〔large〕 parks.

解説 **1** (1)主語が複数形なので are。
(2)数えられない名詞の主語は単数扱い。
(3) us と the story の 2 つの目的語をとるのは **tell (～に…を伝える〔教える〕)**。過去形は told。
(4) get dark で「暗くなる」。SVC の文。

2 (1)「～は 1 つもない」は〈There are not any＋複数名詞 ～.〉で表す。
(2)「(名詞)のように見える」は**〈look like＋名詞〉**で表す。
(3)「(人)に(物)を送る」は**〈send＋人＋物〉**。

3 (1) have〔has〕の文は There is〔are〕～. に書きかえられるものがある。「1 週間は 7 日ある」。
(2)「オカ先生は私たちの音楽の先生だ」→「オカ先生は私たちに音楽を教えている」。teach を使って SVOO の文に。
(3)「その歌を聞いたとき父は幸せに感じた」→「その歌は父を幸せにした」。**〈make＋O＋C〉**の SVOC の文にする。
(4)「この白い鳥の英語の名前は何か」→「この白い鳥を英語で何と呼ぶか」。**〈call＋O＋C〉**の文の C が What になった疑問文。

4 (1)**〈keep＋O＋C〉**の語順。
(2)**〈buy＋物＋for＋人〉**の語順。

5 (1)**〈ask＋人＋物〉**の語順で「(人)に(物)をたずねる」の意味。
(2)「…に～があります」は There is〔are〕～. か have〔has〕を使った文で表す。We have ～ in my town. でもよい。

8日目 比較の文

p.20 基礎の確認

1 ① taller ② tallest ③ larger ④ largest ⑤ more popular ⑥ most popular ⑦ better ⑧ best ⑨ more ⑩ most
2 ① older ② fastest
3 ① as old as
4 ① like、better ② likes、best
5 ① much ② best

p.21 実力完成テスト

1 (1)**shorter** (2)**much** (3)**of** (4)**better**

2 (1)**earliest** (2)**most exciting** (3)**best**
(4)**hotter** (5)**more**

3 (1)**bigger** (2)**more popular** (3)**better than**

4 (1)**(English is) the second most popular subject (in our class.)**
(2)**This room is not as large as yours(.)**

5 (1)**Which season do you like (the) best?**
(2)**He is one of the most famous baseball players in the world.**

解説 **1** (1)あとに **than** があるので比較級。
(2)比較級を強調する語は **much**。
(3) of us all で「私たち全員の中で」。
(4) **like A better than B**で「BよりAが好き」。

2 (1)前に the、後ろに in があるので最上級にする。early は y を i にかえて est をつける。
(2)前に the があるので最上級にする。exciting の最上級は前に **most** をつける。
(3)前に the、後ろに of があるので最上級にする。good の最上級は **best**。
(4)あとの than から hot を比較級にする。hot の比較級は t を重ねて er をつける。
(5)あとの than から many を比較級の **more** に。

3 (1)「このリンゴはあれよりも小さく見える」→「あのリンゴはこれよりも大きく見える」。bigger は larger でもよい。
(2)「私のクラスでは音楽は体育ほど人気がない」→「私のクラスでは体育は音楽より人気がある」。
(3)「サッカーがすべてのスポーツでいちばん好き」→「ほかのどのスポーツよりサッカーが好き」。

4 (1)「～番目の」は最上級の直前に置く。
(2)「…ほど～でない」は **not as ～ as …**。

5 (1)「どの季節」は **which season**、「～がいちばん好き」は **like ～ (the) best**。
(2)「最も～な…のひとり」は**〈one of the＋最上級＋複数名詞〉**。famous（有名な）の最上級は most famous。

9日目 受け身・現在完了形

p.22 基礎の確認

1 ①**used** ②**broken**

2 ①**called** ②**loved** ③**made** ④**held**
⑤**taken** ⑥**written**

3 ①**Were** ②**not**

4 ①**have visited**
②**have、eaten〔had〕** ③**has lived**

5 ①**Have** ②**not** ③**never**

p.23 実力完成テスト

1 (1)**cleaned** (2)**Was** (3)**learned** (4)**since**

2 (1)**written** (2)**been** (3)**left** (4)**sung**
(5)**seen**

3 (1)**Have、ever** (2)**is spoken** (3)**long has**

4 (1)**(What) are you called by your friends(?)**
(2)**How often have they come here in (the last two months?)**

5 (1)**I have〔I've〕 known Tim for a long time.**
(2)**Was this picture〔photo〕 taken by your aunt?**

解説 **1** (1)受け身の文。過去分詞を選ぶ。
(2) yesterday から過去の文。
(3) have があるので現在完了形の文。
(4) **since ～** は「～以来」。

2 (1)主語の this story から受け身の文。write を過去分詞の **written** にする。
(2) **have been abroad** で「外国に行ったことがある」という意味。never は「今までに一度も～ない」。
(3)「トムはちょうど家を出たところだ」。
(4)主語の this song から受け身の文。sing の過去分詞は **sung**。
(5)「何」が主語の受け身の文。助動詞を使った受け身は**〈助動詞＋be＋過去分詞〉**の形。

3 (1)現在完了形の疑問文。「今までに」は **ever**。
(2)現在の受け身の文。主語が3人称単数なので be 動詞は is。speak の過去分詞は **spoken**。
(3)「期間」は **How long ～?** でたずねる。あとに現在完了形の疑問文を続ける。

4 (1)「～によって…と呼ばれる」は be called … by ～。
(2)「どのくらいの頻度で」は **How often ～?** でたずねる。「この2か月で」は in the last two months。

5 (1)現在完了形の継続の文。know の過去分詞は **known**。「長い間」は **for a long time**。
(2)過去の受け身の疑問文。take の過去分詞は **taken**。

10日目 総復習テスト p.24

1 (1)イ (2)ア (3)ウ

2 (1)エ→イ→ウ→ア (2)エ→イ→ア→ウ
(3)イ→ア→ウ→オ→エ

3 (1)**to sing** (2)**sat** (3)**forget**

4 イ

5 (1)ウ (2)エ (3)イ

6 (1)(例)**My grandmother gave it to me for 〔on〕 my birthday.**
(2)(例)**She teaches me how to play the violin.**
(3)(例)**I played the violin for my family before we had〔ate〕 dinner yesterday.**

解説 **1** (1)文末の rice or bread から、「Which(どちら)」を選ぶ。
(2)あとに形容詞を続けて、「～に見える」の意味を表す動詞は look。
(3)「学校に到着したとき」と過去のことを述べているので、drink の過去形(drank)を選ぶ。

2 (1)**not as ～ as** …は「…ほど～でない」。
(2)**〈can be＋過去分詞〉**で「～されることができる」という受け身の意味を表す。
(3)**〈have been＋～ing〉**は現在完了進行形で、**「ずっと～し(続け)ている」**。

3 (1)**〈ask＋人＋to ～〉**で「(人)に～するようにたのむ」。後ろの songs に合うのは sing。
(2)直後の down と、そのあとの転んだ女の子に話しかけたという内容から、**sit down**(腰をおろす)の sit を過去形 **sat** にする。
(3) will never(決して～ないだろう)のあとには動詞の原形を続ける。「決して忘れない」の意味になるように forget を入れる。

〈英文の意味〉
では、私の経験についてみなさんにお話しします。先週、私は初めて保育園へ行きました。朝、男の子が来て、私に一緒に歌を歌うようにたのみました。私たちはそれを大いに楽しみました。そのあと、私が外で子どもたちと遊んだとき、女の子が転んで泣きはじめました。私が腰をおろしてゆっくりと彼女に話しかけると、彼女は泣きやみ、ほほ笑みました。私は保育園でとても楽しい時を過ごしました。私はこの経験を決して忘れません。

4 ユキの２番目の発言に「ケンによい場所についてたずねてはどうか。彼は何度も奈良を訪れたことがある」とあることから、**イ**の「ケンから奈良についての情報を得ること」が適切。

〈対話文の意味〉
ユキ　：次の休暇中に奈良を訪れるそうですね。そこで何をする予定ですか。
マイク：私は東大寺を訪れる予定です。ほかに訪れるのによい場所を知っていますか。
ユキ　：ごめんなさい、知りません。よい場所についてケンにたずねてはどうですか。彼には奈良にいとこがいるので何度もそこを訪れたことがあります。
マイク：いい考えですね！

5 (1)後続の３文から、**ウ**の「特に2016年から2017年に非常に増えた」が適切。
(2)外国の人々が楽しんでいるのは「伝統的な日本の盆栽(traditional Japanese bonsai)だけではない」という内容が文脈に合う。
(3)**イ**は「盆栽は世界中で発達し、より人気が高まるだろう」で、発表のテーマとして適切。

〈英文の意味〉
今日は盆栽についてみなさんにお話ししたいと思います。今、それが世界中で人気があることを知っていますか。「盆栽」という言葉は英語の辞書にのっています。私はそのことを知って驚きました。
グラフを見てください。2006年から2020年までの庭木を含む盆栽の輸出額がわかります。2006年、輸出額は23億円でした。それから、グラフによると輸出額は特に2016年から2017年に非常に増えました。そのとき何が起こったのでしょう。１つの理由は大きな国際盆栽イベントだと思います。それは2017年に日本で開かれました。
グラフから、日本の盆栽が世界で人気が高まっていることがわかります。しかし今、外国の人々は伝統的な日本の盆栽を楽しむだけではありません。彼らは新しく独創的な盆栽をも楽しんでいます。中には熱帯の樹木を使って盆栽を作る人もいます！　彼らは伝統的な盆栽文化から新たな盆栽文化を作っていると言えます。将来、伝統的な盆栽だけでなく、新しく独創的な盆栽も世界中のより多くの人々に愛されるようになるでしょう。

6 (1)「(人)に(物)を与える」は**〈give＋人＋物〉**か**〈give＋物＋to＋人〉**で表せる。「物」が it などの代名詞のときは to を使う形にする。
(2)「(人)に(物事)を教える」は**〈teach＋人＋物事〉**、「～のしかた」は **how to ～**。
(3) before ～ing を使って before having〔eating〕 dinner としてもよい。

1日目 正の数・負の数

p.26 基礎の確認

❶ [1](1) $+5$　(2) -1.8

[2](1) 9　(2) $\frac{3}{4}$

[3](1) $-5<-3$　(2) $0>-0.2$

❷ (1) -18　(2) $+10$　(3) -4　(4) -3

(5) $+20$　(6) -7　(7) -108　(8) $-\frac{5}{2}$

❸ (1) -7　(2) -2　(3) $+24$　(4) -13

❹ (1) $54=2\times3^3$　(2) $210=2\times3\times5\times7$

p.27 実力完成テスト

1 (1) $-2<-\frac{5}{4}<-0.8$

(2) -2、-1、0、$+1$、$+2$

2 (1) 10　(2) -10　(3) 32　(4) $-\frac{25}{2}$

(5) $-\frac{4}{3}$　(6) $\frac{20}{9}$　(7) -45　(8) -2

3 (1) 8　(2) 21

4 30

解説 **1** (1)**負の数は絶対値が大きいほど小さい。**

$-\frac{5}{4}=-1.25$ で、$0.8<\frac{5}{4}<2$ だから、

$-2<-\frac{5}{4}<-0.8$

(2)絶対値が 2、1、0 である数を答える。0 以外はそれぞれ正の数と負の数の 2 つあることに注意。

2 (1) $4-(-6)=4+6=10$

(2)正の項、負の項を集めて計算する。

$-7+3-8+2=-7-8+3+2$

$=-15+5=-10$

(3)積（商）の符号は、**負の数が偶数個なら ＋、負の数が奇数個ならー**になる。

$\left(-\frac{8}{3}\right)\times(-12)=+\left(\frac{8}{3}\times12\right)=32$

(4)除法は、**わる数を逆数にして**かける。

$10\div\left(-\frac{4}{5}\right)=10\times\left(-\frac{5}{4}\right)=-\left(10\times\frac{5}{4}\right)=-\frac{25}{2}$

(5) $(-3)\div(-9)\times(-4)=-\frac{3\times4}{9}=-\frac{4}{3}$

(6)**乗法だけの式に直して**から計算する。

$\frac{1}{6}\times(-15)\div\left(-\frac{9}{8}\right)=\frac{1}{6}\times15\times\frac{8}{9}=\frac{20}{9}$

(7) $(-5)\times(-3)^2=(-5)\times9=-45$

(8) $(-4^2)\div20\div\frac{2}{5}=-16\times\frac{1}{20}\times\frac{5}{2}=-2$

$(-4)^2=(-4)\times(-4)=16$、

$-4^2=-(4\times4)=-16$ であることに注意。

3 (1) $(-8)\div4-5\times(-2)=-2+10=8$

(2) $9-(-4-2)^2\div(-3)=9-(-6)^2\div(-3)$

$=9-36\div(-3)=9+12=21$

4 $120=2^3\times3\times5$ だから、$2\times3\times5$ でわると、

$(2^3\times3\times5)\div(2\times3\times5)=2^2$

よって、$2\times3\times5=30$ でわればよい。

2日目 式と計算

p.28 基礎の確認

❶ [1](1) $-4x^2y$　(2) $\frac{a+b}{7}$

[2](1) $1000-2a$（円）　(2) $\frac{x}{60}$ 分

❷ (1) $-3a$　(2) $-2x$　(3) $3a$　(4) $-18xy$

(5) $7b$　(6) $\frac{16x^2}{y}$

❸ (1) $2x+y$　(2) $-a-b$　(3) $3x+12y$

(4) $-2a+3b$　(5) $a-2b$　(6) $-7x-14y$

❹ [1] -2

[2] $a=\frac{\ell}{2}-b$

p.29 実力完成テスト

1 (1) $2x+3y$（kg）　(2) $\frac{7}{10}a$ 円（または、$0.7a$ 円）

2 (1) $3a-5$　(2) $x+0.2y$

(3) $-3x^3y$　(4) $150ab$

3 (1) $-2x+6y$　(2) $-4a-6$　(3) $5m-3n$

(4) $11x-11y$　(5) $4x-13y$　(6) $\frac{7a+10b}{6}$

4 4

解説 **1** (1)（1 個 x kg の品物全部の重さ）＋（1 個 y kg の品物全部の重さ）で求められる。

(2) 3 割→ $\frac{3}{10}$ だから、定価の 3 割引きは、

定価 $\times\left(1-\frac{3}{10}\right)$ 円と表せる。

2 **同類項は、分配法則を使って**1 つの項にまとめる。

(1) $6a-7-3a+2=(6-3)a-7+2=3a-5$

(2) $1.5x-y-0.5x+1.2y$

$=(1.5-0.5)x+(-1+1.2)y=x+0.2y$

(3)累乗を先に計算する。

$(-x)^3\times3y=-x^3\times3y=-3x^3y$

(4)乗法だけの式に直して計算する。

$$6a^2\times10b\div\frac{2}{5}a=6a^2\times10b\times\frac{5}{2a}=150ab$$

3 **かっこをはずし、同類項があればまとめる。**

(1)$(3x+4y)-(5x-2y)=3x+4y-5x+2y$
$=-2x+6y$

(3)$(30m-18n)\div6=\dfrac{30m-18n}{6}=5m-3n$

(5)$5(2x-y)-2(3x+4y)=10x-5y-6x-8y$
$=4x-13y$

(6)通分して、1つの分数の形にする。通分するときは、分子にかっこをつける。

$$\frac{2a-b}{3}+\frac{a+4b}{2}=\frac{2(2a-b)+3(a+4b)}{6}$$
$$=\frac{4a-2b+3a+12b}{6}=\frac{7a+10b}{6}$$

4 式を計算して簡単にすると、$-6xy$

$x=-2$、$y=\dfrac{1}{3}$ を代入して、$-6\times(-2)\times\dfrac{1}{3}=4$

3日目 方程式

p.30 基礎の確認

1 ウ

2 (1)$x=5$　(2)$x=-3$　(3)$x=5$　(4)$x=-1$

3 (1)$x=2$　(2)$x=-3$　(3)$x=\dfrac{15}{8}$　(4)$x=5$

4 [1]方程式…$(x-1)+x+(x+1)=87$
28、29、30
[2](1)$x=35$　(2)$x=27$

p.31 実力完成テスト

1 1

2 (1)$x=-2$　(2)$x=-7$　(3)$x=3$　(4)$x=-1$
(5)$x=-6$　(6)$x=\dfrac{11}{2}$　(7)$x=-6$　(8)$x=2$

3 (1)$x=24$　(2)$x=6$

4 4分後

解説 **1**

$x=-1$ のとき、$\begin{cases}左辺=-2\times(-1)+3=\underline{5}\\ 右辺=\underline{1}\end{cases}$

$x=0$ のとき、$\begin{cases}左辺=-2\times0+3=\underline{3}\\ 右辺=\underline{1}\end{cases}$

$x=1$ のとき、$\begin{cases}左辺=-2\times1+3=\underline{1}\\ 右辺=\underline{1}\end{cases}$

$x=2$ のとき、$\begin{cases}左辺=-2\times2+3=\underline{-1}\\ 右辺=\underline{1}\end{cases}$

2 **x をふくむ項を左辺に、数の項を右辺に移項する。**

(1) $-6x-7=5$、$-6x=5+7$、$-6x=12$、$x=-2$

(2) $3x=5x+14$、$3x-5x=14$、$-2x=14$、$x=-7$

(3)まず、**分配法則を使ってかっこをはずす。**
$4(2x-3)=3(7-x)$、$8x-12=21-3x$、
$8x+3x=21+12$、$11x=33$、$x=3$

(4) $-2(x-1)=5(x+2)-1$、
$-2x+2=5x+10-1$、$-2x-5x=10-1-2$、
$-7x=7$、$x=-1$

(5)両辺に分母の最小公倍数12をかけて、
$3x-12=4x-6$、$-x=6$、$x=-6$

(6)両辺に分母の最小公倍数15をかける。分子には、かっこをつける。
$5(x-1)=3(x+2)$、$5x-5=3x+6$、
$2x=11$、$x=\dfrac{11}{2}$

(7)両辺を10倍して、$7x-18=11x+6$、
$-4x=24$、$x=-6$

(8)両辺を100倍して、$75x-270=-100x+80$、
$175x=350$、$x=2$

3 **$a:b=c:d$ ならば、$ad=bc$**

(1)$3\times x=4\times18$、$x=\dfrac{4\times18}{3}$、$x=24$

(2)$(x-3)\times3=9\times1$、$x-3=\dfrac{9\times1}{3}$、
$x-3=3$、$x=6$

4 兄が妹に追いつくとき、**妹と兄が進んだ道のりが等しい**ことから方程式をつくる。
兄が家を出発してからの時間を x 分とすると、妹が進んだ時間は $12+x$(分)。
道のり=速さ×時間だから、妹が進んだ道のりは、$50(12+x)$m、兄が進んだ道のりは、$200x$m。
よって、方程式は、$50(12+x)=200x$
これを解くと、$x=4$
これは問題にあっている。

4日目 連立方程式

p.32 基礎の確認

1 ウ

2 (1)ア $4x$　イ $-5y$　ウ 3　エ 3　オ -2
カ -2　キ 3
(2)ア $2x-2$　イ 4　ウ 15　エ 3　オ 3
カ 4　キ 3　ク 4

3 (1)ア $3x-2y$　イ 2　ウ 4
(2)ア $2x-3y$　イ 3　ウ 4

p.33 実力完成テスト

1 (1) $x=5$、$y=-2$　(2) $x=2$、$y=4$
(3) $x=2$、$y=-4$　(4) $x=3$、$y=6$

2 (1) $x=-3$、$y=1$　(2) $x=4$、$y=5$
(3) $x=2$、$y=-1$　(4) $x=2$、$y=6$

3 (1) $a=2$、$b=-1$
(2) 男子…22人、女子…20人

解説 **1** (1)(2)は加減法、(3)(4)は代入法で解くとよい。上の式を①、下の式を②とする。

(1)①+②より、$4x=20$、$x=5$

①に $x=5$ を代入して、$5-4y=13$、$-4y=8$、$y=-2$

(2)
$$\begin{array}{rrl} ①\times3 & 15x-6y & =6 \\ ②\times2 & -)\ 4x-6y & =-16 \\ \hline & 11x & =22、x=2 \end{array}$$

①に $x=2$ を代入して、$10-2y=2$、$-2y=-8$、$y=4$

(3)②を①に代入して、$5(y+6)-2y=18$、$5y+30-2y=18$、$3y=-12$、$y=-4$

②に $y=-4$ を代入して、$x=-4+6=2$

(4)②を①に代入して、$8x-3(5x-9)=6$、$8x-15x+27=6$、$-7x=-21$、$x=3$

②に $x=3$ を代入して、$5\times3-9=y$、$y=6$

2 上の式を①、下の式を②とする。

(1)**分配法則を使って、かっこをはずして整理**する。

①を整理すると、$5x-4y=-19$ …③

③×2+②より、$13x=-39$、$x=-3$

②に $x=-3$ を代入して、$-9+8y=-1$、$y=1$

(2)式を整理して、$\begin{cases} 3x+2y=22 \\ 5x-7y=-15 \end{cases}$ を解く。

(3)係数に分数をふくむときは、**両辺に分母の最小公倍数をかけて分母をはらう**。

①の両辺に10をかけて整理すると、$5x+2y=8$

(4)係数に小数をふくむときは、**両辺に10、100、…をかけて係数を整数にする**。

①の両辺に10をかけて、$4x+3y=26$

②の両辺に10をかけて、$7x-4y=\underline{-10}$

↑整数にも10をかけるのを忘れないように。

3 (1) $x=1$、$y=2$ を代入すると、$\begin{cases} a+2b=0 \\ b+2a=3 \end{cases}$

この連立方程式を解いて、a、b の値を求める。

(2)去年のテニス部の男子を x 人、女子を y 人として連立方程式をつくる。

去年の部員数から、$x+y=45$ …①

今年の部員数は、去年より男子が10%増えたから、$\frac{110}{100}x$ 人、女子が20%減ったから、$\frac{80}{100}y$ 人で、全体では去年より3人減ったことより、

$\frac{110}{100}x+\frac{80}{100}y=45-3$ …②

①、②を連立方程式として解くと、$x=20$、$y=25$

今年のテニス部の部員数は、

男子…$\frac{110}{100}\times20=22$(人)、女子…$\frac{80}{100}\times25=20$(人)

これは問題にあっている。

5日目 比例・反比例

p.34 基礎の確認

1 ア、ウ

2 (1) $y=-2x$
(2) $y=\frac{15}{x}$

3 (1) A(3、2)
B(−4、−5)
(2) 右の図

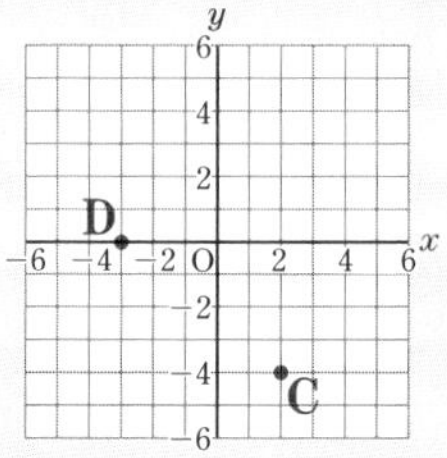

4 ア $y=\frac{3}{2}x$　イ $y=-\frac{6}{x}$

p.35 実力完成テスト

1 (1) $y=-9$
(2) $x=-3$

2 右の図

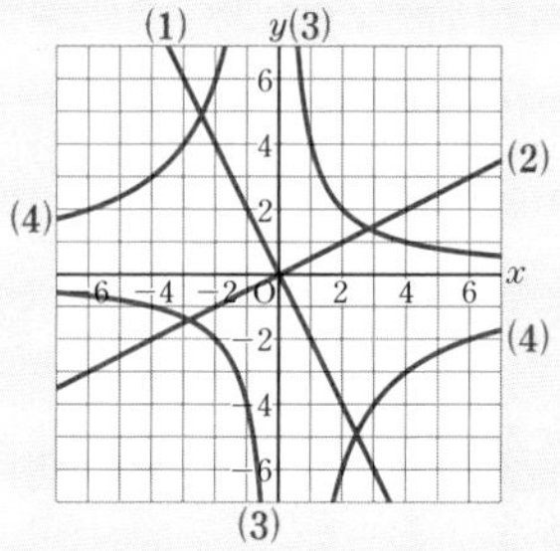

3 (1) $y=3x$
(2) $0\leqq x\leqq4$

4 (1) 3
(2) $a=2$

解説 **1** (1) **y は x に比例するから、$y=ax$** とおき、$x=2$、$y=6$ を代入すると、$6=2a$ より、$a=3$

$y=3x$ に $x=-3$ を代入して、$y=3\times(-3)=-9$

(2) **y は x に反比例するから、$y=\frac{a}{x}$** とおき、$x=4$、$y=-6$ を代入すると、

$-6=\frac{a}{4}$ より、$a=-24$

$y=-\frac{24}{x}$ に $y=8$ を代入して、$8=-\frac{24}{x}$、$x=-3$

2 **比例のグラフは原点を通る直線、反比例のグラフは双曲線**になる。

(1)(2)は比例のグラフ、(3)(4)は反比例のグラフになる。

(1)原点と点$\underline{(2、-4)}$を通る直線をひく。

└(−2、4)、(1、−2)などでもよい。

(2)原点と点(4、2)を通る直線をひく。

(3)反比例のグラフをかくときは、x、yがともに**整数になるような値の組**を求めて、その点を通るなめらかな曲線をかく。
点(1、4)、(2、2)、(4、1)を通る曲線と、点(−1、−4)、(−2、−2)、(−4、−1)を通る曲線をかく。

(4)点(2、−6)、(3、−4)、(4、−3)、(6、−2)を通る曲線と、点(−2、6)、(−3、4)、(−4、3)、(−6、2)を通る曲線をかく。

3 (1)三角形ADPの面積は、$y=\frac{1}{2}\times \underset{\uparrow \text{AP}}{x} \times \underset{\uparrow \text{AD}}{6}=3x$

(2)点Pが頂点A上にあるとき、$x=0$、頂点B上にあるとき、$x=4$だから、xの変域は$0 \leqq x \leqq 4$

4 (1)点Aは**イ**のグラフ上の点だから、$y=\frac{18}{x}$に$y=6$を代入して、$6=\frac{18}{x}$、$x=3$

(2)点A(3、6)だから、$x=3$、$y=6$を$y=ax$に代入して、$6=3a$、$a=2$

6日目 1次関数

p.36 基礎の確認

1 ア、イ、エ

2 (1) **−4**

(2) **−2**

(3) 傾き…**−2**

切片…1

(4) 右上の図

3 (1) $\boldsymbol{y=4x-3}$

(2) $\boldsymbol{y=-\frac{1}{3}x+2}$

4 グラフは右の図

$\boldsymbol{x=1}$、$\boldsymbol{y=3}$

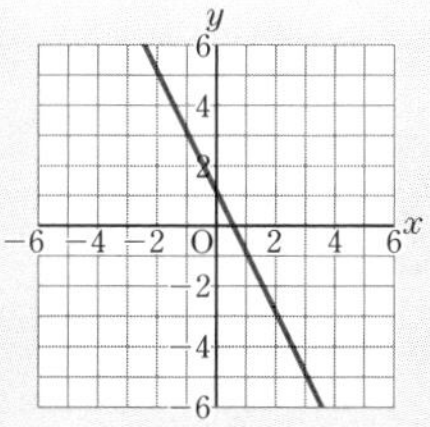

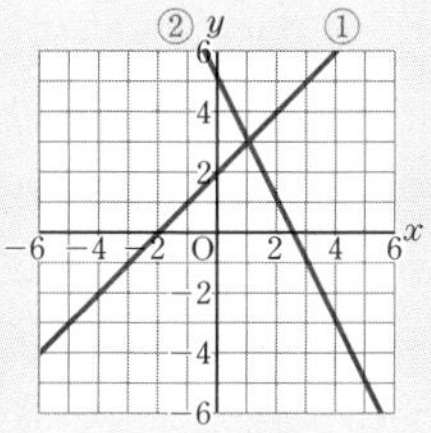

p.37 実力完成テスト

1 (1) $\boldsymbol{y=-7}$ (2) **8**

(3) 傾き…$\boldsymbol{\frac{2}{3}}$、切片…**−3**

2 右の図

3 (1) $\boldsymbol{y=-4x+19}$

(2) $\boldsymbol{y=\frac{1}{5}x+\frac{3}{5}}$

(3) $\boldsymbol{y=\frac{4}{3}x-2}$

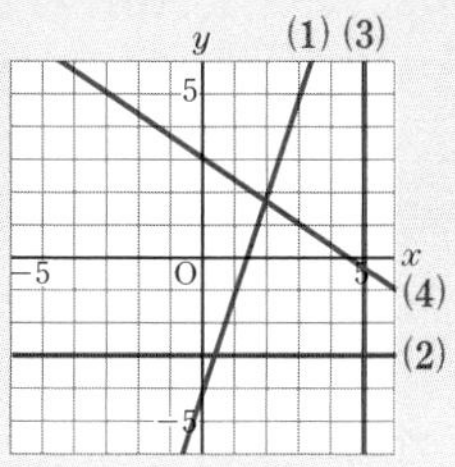

4 (1) **分速200m**

(2) 時刻…**午前9時9分**

地点…**家から1400m離れた地点**

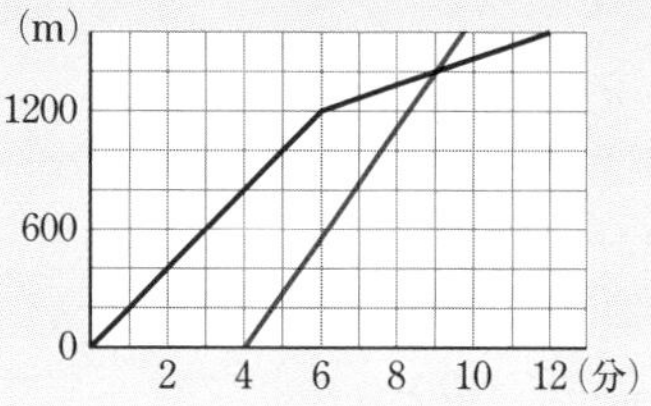

解説 **1** (1)$y=\frac{2}{3}x-3$に$x=-6$を代入すると、

$y=\frac{2}{3}\times(-6)-3=-7$

(2)**変化の割合＝$\frac{y\text{の増加量}}{x\text{の増加量}}$**だから、

$\frac{y\text{の増加量}}{12}=\frac{2}{3}$より、$y$の増加量は、$\frac{2}{3}\times 12=8$

(3)1次関数$y=ax+b$のグラフは、傾きa、切片bの直線になる。

2 方程式を**$y=$〜($x=$〜)の形**にする。

(1)$y=3x-4$より、傾き3、切片−4の直線。

(2)$y=-3$より、点(0、−3)を通り、**x軸に平行**な直線。

(3)$x=5$より、点(5、0)を通り、**y軸に平行**な直線。

(4)$y=-\frac{2}{3}x+3$より、傾き$-\frac{2}{3}$、切片3の直線。

3 求める**1次関数の式を$y=ax+b$**とおく。

(1)傾きが−4だから$y=-4x+b$となり、この式に$x=3$、$y=7$を代入して、$7=-12+b$、$b=19$

(2)連立方程式$\begin{cases} 1=2a+b & \leftarrow x=2\text{、}y=1\text{を代入} \\ 0=-3a+b & \leftarrow x=-3\text{、}y=0\text{を代入} \end{cases}$

を解くと、$a=\frac{1}{5}$、$b=\frac{3}{5}$

(3)直線$y=3x-2$とy軸上で交わるので、求める1次関数のグラフの切片は−2となる。

$y=ax-2$に、$x=-3$、$y=-6$を代入して、

$-6=-3a-2$、$a=\frac{4}{3}$

4 (1)グラフの傾きが変わったところのy座標が、家から駅までの道のりである。

1200mを6分間で進んだから、1200÷6=200で、分速200m。

(2)姉と弟の**グラフの交点が、弟が姉に追いつく地点**である。弟は、5分間に1400m進むから、グラフは(4、0)、(9、1400)を通る直線をひけばよい。

7日目 平面図形・空間図形

p.38 基礎の確認

1 右の図

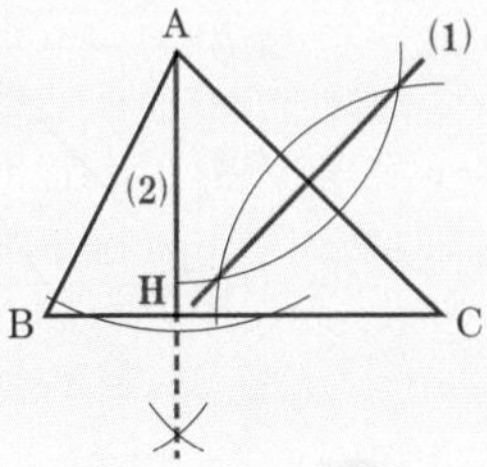

2 弧の長さ…3πcm

面積…6πcm^2

3 (1) 辺AB、辺DC、

辺EF、辺HG

(2) 辺CG、辺DH、

辺FG、辺EH

4 [1](1) 球　(2) 円錐

[2] 表面積…360cm^2、体積…400cm^3

p.39 実力完成テスト

1 右の図

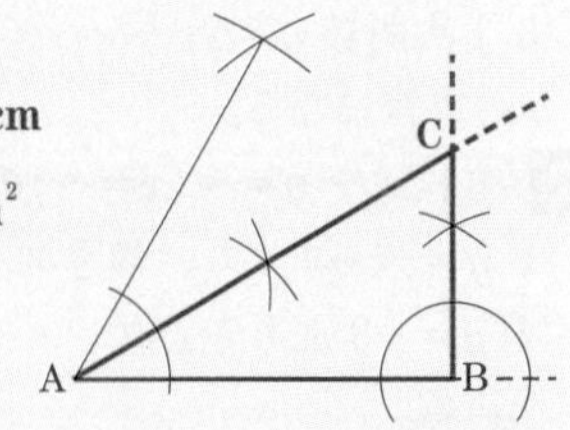

2 (1) 弧の長さ…πcm

面積…$\frac{3}{2}\pi$cm^2

(2) $\frac{15}{2}\pi$cm^2

3 (1) 面DEF

(2) 面BEFC

(3) 辺CF、辺DF、辺EF

4 (1) 表面積…24πcm^2、体積…12πcm^3

(2) 表面積…36πcm^2、体積…36πcm^3

(3) 表面積…224πcm^2、体積…384πcm^3

解説 **1** 点Bを通る線分ABの垂線をひいて、$\angle ABC=90^\circ$の角をかく。

次に、線分ABを1辺とする正三角形をかき、頂点Aに60°の角をつくり、その角の二等分線とABの垂線との交点をCとすればよい。

2 (1)弧の長さは、$2\pi\times3\times\frac{60}{360}=\pi$(cm)

面積は、$\pi\times3^2\times\frac{60}{360}=\frac{3}{2}\pi$(cm^2)

(2)半径$r$cm、弧の長さℓのおうぎ形の面積Sは、

$S=\frac{1}{2}\ell r$ だから、$\frac{1}{2}\times3\pi\times5=\frac{15}{2}\pi$(cm^2)

(別解) おうぎ形の中心角をx°とすると、

$2\pi\times5\times\frac{x}{360}=3\pi$、$x=108$

面積は、$\pi\times5^2\times\frac{108}{360}=\frac{15}{2}\pi$(cm^2)

3 (1)角柱の2つの底面は平行だから、面ABCと平行な面は、面DEF。

(2)辺ADと平行な辺は、辺BEと辺CFで、この2つの辺をふくむ平面が辺ADと平行である。

(3)辺ABと**平行でなく交わらない辺**が、**ねじれの位置**にある辺である。

4 (1)**円錐の側面の展開図はおうぎ形**になる。

側面積は、

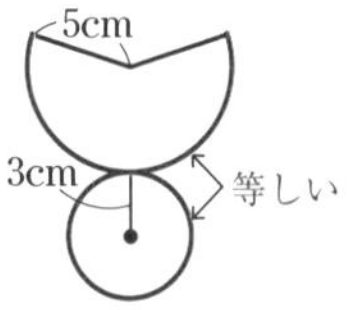

$S=\frac{1}{2}\times\underline{6\pi}\times5=15\pi$(cm^2)

↑底面の円周と等しい。

$2\pi\times3=6\pi$(cm)

底面積は、$\pi\times3^2=9\pi$(cm^2)

表面積は、$15\pi+9\pi=24\pi$(cm^2)

体積は、$\frac{1}{3}\times\pi\times3^2\times4=12\pi$(cm^3)

(2)表面積は、$4\pi\times3^2=36\pi$(cm^2)

体積は、$\frac{4}{3}\pi\times3^3=36\pi$(cm^3)

(3)できる立体は、底面の半径が8cm、高さが6cmの円柱。

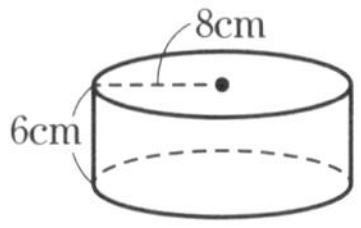

側面積は、

$6\times(2\pi\times8)=96\pi$(cm^2)

底面積は、$\pi\times8^2=64\pi$(cm^2)

表面積は、$96\pi+64\pi\times2=224\pi$(cm^2)

体積は、$\pi\times8^2\times6=384\pi$(cm^3)

8日目 平行と合同・三角形と四角形

p.40 基礎の確認

1 (1) $\angle x=102^\circ$　(2) $\angle x=70^\circ$　(3) $\angle x=86^\circ$

2 △ABC≡△RQP

…2組の辺とその間の角がそれぞれ等しい

△DEF≡△JLK…3組の辺がそれぞれ等しい

△GHI≡△NOM

…1組の辺とその両端の角がそれぞれ等しい

3 ア AC=CA　イ 3組の辺がそれぞれ等しい

ウ ≡　エ 錯角

オ 2組の対辺がそれぞれ平行

p.41 実力完成テスト

1 (1) $\angle x=72^\circ$　(2) $\angle x=57^\circ$　(3) $\angle x=36^\circ$

2 △ABEと△CBD

…1組の辺とその両端の角がそれぞれ等しい

3 (証明)△ABEと△CDFで、

仮定より、∠AEB=∠CFD=90° …①

平行四辺形の対辺は等しいから、

AB=CD …②

平行四辺形の対辺は平行だから、

AB//CD

平行線の錯角は等しいから、

∠BAE=∠DCF …③

①、②、③より、直角三角形の斜辺と1つの鋭角がそれぞれ等しいので、

△ABE≡△CDF

合同な図形の対応する辺の長さは等しいので、AE=CF

4 △ACE、△ACF、△BCF

解説 **1** (1)右の図のように補助線をひくと、

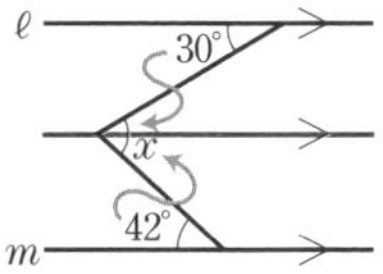

$\angle x=30°+42°=72°$

(2) $180°-105°=75°$

$\angle x=360°-(70°+75°+78°+80°)=57°$

(3)二等辺三角形の性質と、三角形の外角の性質から、角の大きさは右のようになる。

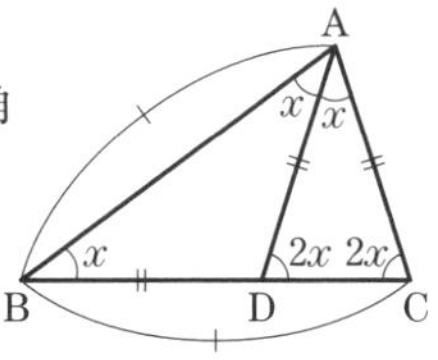

$\angle x+\angle x+\angle x+2\angle x$

$=180°$、$5\angle x=180°$、

$\angle x=36°$

2 仮定より、AB=CB …①

共通な角だから、∠ABE=∠CBD …②

三角形の内角と外角の関係から、

∠CEF=∠BAE+∠ABE

∠ADF=∠BCD+∠ABE

∠CEF=∠ADF だから、∠BAE=∠BCD …③

①、②、③より、△ABE と △CBD は、1組の辺とその両端の角がそれぞれ等しいから合同で、BE=BD となる。

3 線分 BE、DF は、対角線 AC の垂線だから、∠AEB=90°、∠CFD=90° である。

4 平行線に着目する。

AD∥BC より、底辺 AE が共通で、高さが等しいので、△ABE=△ACE

AC∥EF より、底辺 AC が共通で、高さが等しいので、△ACE=△ACF

AB∥DC より、底辺 CF が共通で、高さが等しいので、△ACF=△BCF

9日目 データの分析・確率

p.42 基礎の確認

1 (1) 16(人) (2) 0.25 (3) 22.5m

2 (1) $\frac{5}{36}$ (2) $\frac{31}{36}$

3 (1) 第1四分位数…11点

第2四分位数…12点

第3四分位数…16点

(2)

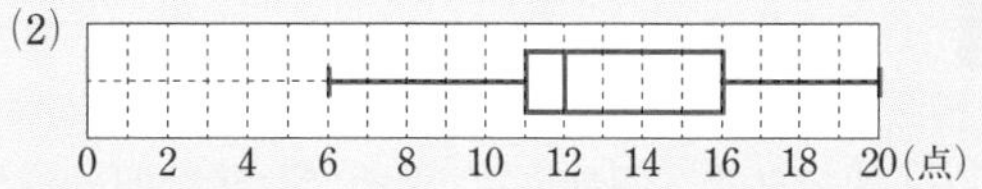

p.43 実力完成テスト

1 (1) 0.25 (2) 40%

(3) 8.0秒以上

8.5秒未満の階級

(4) 右の図

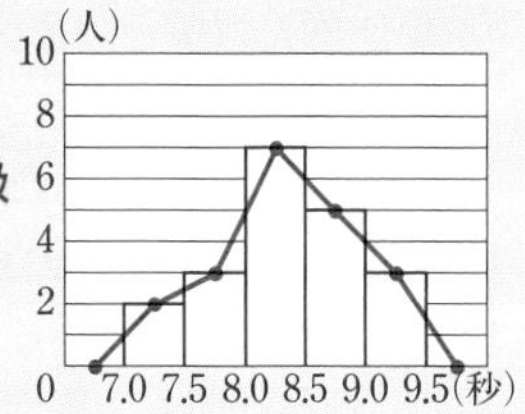

2 (1) $\frac{1}{8}$ (2) $\frac{7}{8}$

3 (1) $\frac{2}{5}$ (2) 0

4 (1) × (2) △ (3) ○ (4) △

解説 **1** (1)7.0秒以上7.5秒未満の度数は2人、7.5秒以上8.0秒未満の度数は3人だから、7.5秒以上8.0秒未満の累積度数は、2+3=5(人)

累積相対度数は、5÷20=0.25

(2)8.5秒以上の生徒は、5+3=8(人)

よって、8.5秒以上の生徒の割合は8÷20=0.4で、40%

(3)データの個数は20で偶数だから、中央値は10番目と11番目の値の平均値になる。

(4)**度数折れ線(度数分布多角形)は、各階級の長方形の上の辺の中点を結ぶ**。また、6.5秒以上7.0秒未満と9.5秒以上10.0秒未満の度数を0と考え、横軸に点をとる。

2 3枚の硬貨をA、B、Cとして樹形図に表すと、表と裏の出方は全部で8通り。

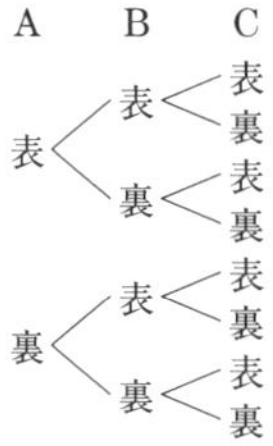

(1)3枚とも表になるのは1通り。

(2)**「少なくとも1枚は裏になる」→「『3枚とも表』ではない」**ということだから、求める確率は、

$1-\frac{1}{8}=\frac{7}{8}$

3 赤玉を❶、❷、❸、白玉を④、⑤、黒玉を❻として樹形図に表すと、玉の取り出し方は全部で15通り。

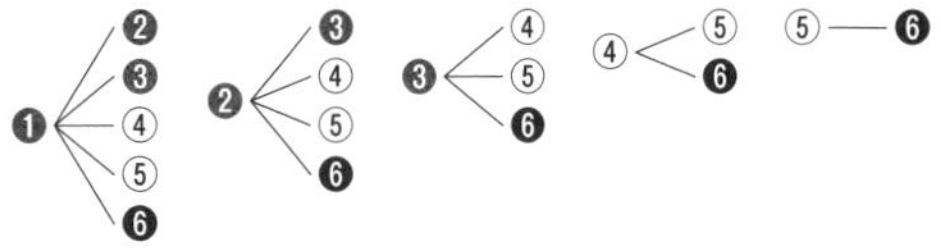

(1)取り出した2個が赤玉と白玉の場合は、6通り。

(2)黒玉は1個なので、2個とも黒玉になる場合はない。**起こらない確率は0**。

4 (1)四分位範囲は、1 組が $14-8=6$(点)、2 組が $16-11=5$(点)だから、1 組のほうが大きい。

(2) 1 組では第 3 四分位数、2 組では第 2 四分位数が 14 点である。第 3 四分位数は 19 番目と 20 番目の値の平均値だから、1 組に得点が 14 点の人がいるかどうかはわからない。第 2 四分位数は 13 番目の人の値なので、2 組には得点が 14 点の人がいる。

(3) 1 組の第 2 四分位数は 12 点、2 組の第 2 四分位数は 14 点なので、どちらの組にも得点が 12 点以上の人が半数以上いる。

(4)この箱ひげ図から平均値は読み取れない。

10日目 総復習テスト

p.44

1 (1) 6 (2) -22 (3) $a+9b$ (4) $-\frac{9}{4}xy$

2 (1) 9 (2) $x=\frac{-7y+21}{3}$ (3) $y=-\frac{3}{x}$

(4) 2 cm (5) 5 回

3 (例)ドーナツを x 個、カップケーキを y 個つくったとすると、

$$\begin{cases} x+y=18 \\ 25x+15y=400 \end{cases}$$

これを解いて、$x=13$、$y=5$

(答)ドーナツ…13 個、カップケーキ… 5 個

4 イ

5 (1)①(ア) 822 (イ) 786 ② $y=-6x+840$

(2) $t=65$

6 (証明)△ACF と △BCD で、

仮定より、AC=BC …①

∠ACF=∠BCD=90° …②

△AED は直角三角形だから、

∠CAF+∠ADB=90° …③

△BCD は直角三角形だから、

∠CBD+∠ADB=90° …④

③、④より、∠CAF=∠CBD …⑤

①、②、⑤より、1 組の辺とその両端の角がそれぞれ等しいので、

△ACF≡△BCD

合同な図形の対応する辺の長さは等しいので、AF=BD

解説 **1** (1) $-3-(-9)=-3+9=6$

(2) $2\times(-3)-4^2=-6-16=-22$

(3) $3(3a+b)-2(4a-3b)=9a+3b-8a+6b$
$=a+9b$

(4) $\frac{15}{8}x^2y\div\left(-\frac{5}{6}x\right)=\frac{15}{8}x^2y\times\left(-\frac{6}{5x}\right)=-\frac{9}{4}xy$

2 (1) $4\times(-3)+21=9$

(2) $3x+7y=21$

$3x=-7y+21$ ← $7y$ を移項する。

$x=\frac{-7y+21}{3}$ ← 両辺を 3 でわる。

(3) **y は x に反比例するから、$y=\frac{a}{x}$** とおき、

$x=-3$、$y=1$ を代入すると、

$1=\frac{a}{-3}$ より、$a=-3$

(4)側面は半円だから、弧の長さは、

$2\pi\times4\times\frac{1}{2}=4\pi$(cm)

これは、**底面の円周と等しい**から、底面の半径を r cm とすると、$2\pi\times r=4\pi$、$r=2$

(5)第 3 四分位数は 55 回、第 1 四分位数は 50 回だから、四分位範囲は、$55-50=5$(回)

3 **つくった個数の合計と、使った小麦粉の関係**から連立方程式をつくる。

4 **ア**…最頻値は、A 中学校が $(6+7)\div2=6.5$(時間)、B 中学校が $(7+8)\div2=7.5$(時間)

イ… 8 時間以上 9 時間未満の階級の相対度数は、

A 中学校が $7\div30=\frac{7}{30}$、

B 中学校が $21\div90=\frac{7}{30}$ で等しい。

ウ…A 中学校の 7 時間未満の生徒数は、$0+3+10=13$ だから、割合は $13\div30=0.43\cdots$→約 43%

エ…B 中学校の中央値は、45 番目と 46 番目の平均値だから、7 時間以上 8 時間未満の階級にふくまれる。

5 (1)① 840 mL から毎分 6 mL ずつ減っていく。

(ア) $840-6\times3=822$ (イ) $840-6\times9=786$

②①より、$y=840-6x$ だから、$y=-6x+840$

(2) $450=-6t+840$、$6t=390$、$t=65$

6 ∠ACF=90° で、AD は一直線だから、∠BCD=90° になる。

理科

1日目 身のまわりの現象

p.46 基礎の確認

1 ① 反射角《はんしゃかく》 ② ＞ ③ 入射角《にゅうしゃかく》 ④ 虚像《きょぞう》
⑤ 実像《じつぞう》 ⑥ と同じ

2 ① 波 ② 振幅《しんぷく》 ③ 振動数《しんどうすう》

3 ① 形 ② 重力《じゅうりょく》 ③ 大きさ ④ 比例 ⑤ フック
⑥ 等しい ⑦ 反対（逆） ⑧ 同一直線

p.47 実力完成テスト

1 (1) ウ (2) 全反射《ぜんはんしゃ》

2 (1) 右図

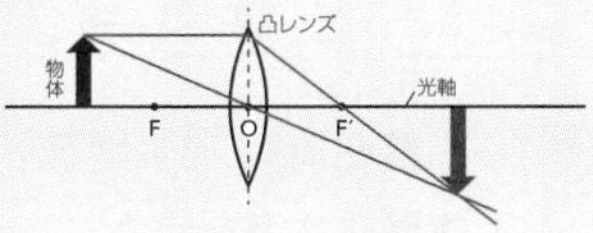

(2) （物体《ぶったい》と）同じ向きで物体より大きい。
(3) 15 cm

3 (1) 大きい音…ウ 高い音…イ
(2) 340 m/s

4 (1) 右図

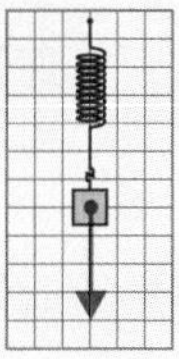

(2) 20 cm
(3) 0.9 N

解説 **1** (1)入射角《にゅうしゃかく》＜屈折角《くっせつかく》となる。光が空気中から水中に入るときと水中から空気中に出ていくときではちょうど逆の進路をたどる。

2 (1)実像《じつぞう》の作図は、①物体から出て光軸《こうじく》に平行に進む光、②物体から出て凸《とつ》レンズの中心を通る光、③物体から出て物体側の焦点《しょうてん》を通る光、のうち、２本の光の線を引けば、その交点に実像がかける。
(2)物体を焦点の内側に置くと実像はできず、虚像が見える。
(3)物体が焦点距離《しょうてんきょり》の２倍の位置にあるとき、同じ大きさの実像が焦点距離の２倍の位置にできるので、焦点距離は、30 cm÷2＝15 cm

3 (1)最も大きい音は、最も振幅《しんぷく》が大きい**ウ**、最も高い音は、最も振動数《しんどうすう》が多い**イ**。
(2)「速さ〔m/s〕＝距離〔m〕÷時間〔s〕」より、
1360 m÷4 s＝340 m/s

4 (1)おもりの重力は $1\,\mathrm{N}\times\dfrac{200\,\mathrm{g}}{100\,\mathrm{g}}=2\,\mathrm{N}$ おもりの中心を作用点《さようてん》として下向きに４目盛り分の矢印で表す。(2)グラフより、0.6 N(60 g) で 8.0 cm ののびなので、150 g(1.5 N) のおもりをつるしたときのばねののびは、$8.0\,\mathrm{cm}\times\dfrac{1.5\,\mathrm{N}}{0.6\,\mathrm{N}}=20\,\mathrm{cm}$
(3)ばねのもとの長さは 6 cm なので、ばねののびは、18 cm－6 cm＝12 cm よって、
$0.6\,\mathrm{N}\times\dfrac{12\,\mathrm{cm}}{8\,\mathrm{cm}}=0.9\,\mathrm{N}$

2日目 身のまわりの物質

p.48 基礎の確認

1 ① 炭素 ② 無機物《むきぶつ》 ③ 電気 ④ 非金属《ひきんぞく》
⑤ 10.5 ⑥ ２種類 ⑦ する ⑧ しない
⑨ 固体 ⑩ 気体 ⑪ 沸点《ふってん》

2 ① 石灰石《せっかいせき》（貝《かい》がら） ② とける
③ 二酸化マンガン ④ 無色 ⑤ 水上置換法《すいじょうちかんほう》
⑥ 小さい ⑦ よくとける ⑧ 上方置換法《じょうほうちかんほう》

3 ① 溶液《ようえき》（溶質《ようしつ》＋溶媒《ようばい》） ② 20
③ 溶解度《ようかいど》 ④ 飽和水溶液《ほうわすいようえき》 ⑤ 結晶《けっしょう》

p.49 実力完成テスト

1 (1) 0.9 g/cm^3
(2) 砂糖《さとう》、デンプン、プラスチック片
(3) 有機物《ゆうきぶつ》 (4) ア、ウ

2 (1) A (2) イ
(3) それぞれの物質《ぶっしつ》の沸点《ふってん》がちがうから。

3 (1) ① 飽和水溶液《ほうわすいようえき》 ② 44%
(2) ① 硝酸《しょうさん》カリウム
② 加熱して水を蒸発させる。

解説 **1** (1) 2.7 g÷3.0 cm^3＝0.9 g/cm^3
(2)(3)石灰水《せっかいすい》を白くにごらせる二酸化炭素が発生するのは、炭素をふくむ有機物である。
(4)金属には延性《えんせい》や展性《てんせい》があるので曲げられる。磁《じ》石《しゃく》につくのは鉄などの限られた金属である。

2 (1)水よりも沸点の低いエタノールが先に沸騰《ふっとう》して気体となって出てくるため、**A**の試験管に最も多くのエタノールがふくまれるので燃える。
(2)どの試験管も純粋《じゅんすい》なエタノールや水にはならない。

3 (1)①とけるだけとけた状態を「飽和」といい、その水溶液を飽和水溶液という。
②グラフより、硫酸銅《りゅうさんどう》の 60 ℃での溶解度《ようかいど》は、約 80 g なので、$\dfrac{80\,\mathrm{g}}{100\mathrm{g}+80\mathrm{g}}\times100=44.4\cdots$ よって 44%

(2)①グラフで、40℃と0℃での溶解度の差の分が結晶《けっしょう》になる。硝酸カリウムがこの差が最も大きい。
②塩化ナトリウムは温度による溶解度の差がほぼないので、水溶液を冷やしても結晶はあまり得られない。水を蒸発させると、少ない水にとけきれなくなった塩化ナトリウムの結晶が出てくる。

3日目 電流とその利用

p.50 基礎の確認

1 ① 1　② 2　③ V_1+V_2　④ I_1+I_2
⑤ $\frac{V}{I}$　⑥ $\frac{V}{R}$　⑦ R_1+R_2　⑧ $\frac{1}{R_1}+\frac{1}{R_2}$
⑨ 比例　⑩ 電子《でんし》

2 ① 磁界《じかい》　② 磁界　③ 誘導電流《ゆうどうでんりゅう》
④ 直流《ちょくりゅう》　⑤ 交流《こうりゅう》

p.51 実力完成テスト

1 (1) 2 A　(2) 20 Ω　(3) 12.5 V
(4) 図1…4 Ω　図2…25 Ω

2 (1) 電熱線P　(2) 30 Ω　(3) 8 V　(4) 0.8 A

3 (1) エ
(2) 電流《でんりゅう》の向きを変える。（U字形磁石《じがたじしゃく》のN極とS極を入れかえる。）
(3)（抵抗器《ていこうき》を）抵抗の小さいものにかえる。

解説 **1** (1)並列回路《へいれつかいろ》なので、電熱線aとbには同じ10 Vの電圧《でんあつ》が加わっている。よって、$\frac{10\ \mathrm{V}}{5\ \Omega}=2\ \mathrm{A}$

(2)電熱線bには2.5 A−2 A=0.5 Aの電流が流れる。

よって、抵抗の大きさは$\frac{10\ \mathrm{V}}{0.5\ \mathrm{A}}=20\ \Omega$

(3)直列回路《ちょくれつかいろ》なので、それぞれの電熱線に加わる電圧の和が電源の電圧になる。電熱線aに加わる電圧は5 Ω×0.5 A=2.5 V　電熱線bに加わる電圧は20 Ω×0.5 A=10 V　よって電源の電圧は、
2.5 V+10 V=12.5 V

(4)**図1**…$\frac{10\ \mathrm{V}}{2.5\ \mathrm{A}}=4\ \Omega$　**図2**…5 Ω+20 Ω=25 Ω

2 (1)グラフより、傾《かたむ》きが大きい方が電流が流れやすい。
(2)グラフより、12 Vの電圧で0.4 Aの電流が流れることから、$\frac{12\ \mathrm{V}}{0.4\ \mathrm{A}}=30\ \Omega$
(3)直列回路なので、電熱線P、Qには同じ大きさの電流が流れる。グラフの0.2 Aのときの電圧を読むと、Pでは2 V、Qでは6 V。よって、
2 V+6 V=8 Vの電圧となる。
(4)並列回路なので、電熱線P、Qには同じ6 Vの電圧が加わる。グラフの横軸《よこじく》の6 Vのときの電流を読むと、Pでは0.6 A、Qでは0.2 A。よって、
0.6 A+0.2 A=0.8 Aとなる。

3 (1)右ねじの進む向きと回る向きより考える。
(3)導線を流れる電流にはたらく力を大きくする方法として、①電流を大きくする、②磁石の磁力を強くする、などがある。

4日目 化学変化と原子・分子

p.52 基礎の確認

1 ① 二酸化炭素　② 酸素
③ 水酸化ナトリウム
④ 陰《いん》　⑤ 陽《よう》

2 ① 質量《しつりょう》　② 大きさ（①②は順不同）
③ 原子《げんし》　④ 元素《げんそ》　⑤ 元素記号《げんそきごう》　⑥ 水素
⑦ 炭素　⑧ O　⑨ Ag　⑩ S
⑪ 1　⑫ 2

3 ① 化学式《かがくしき》　② FeS　③ $2H_2$　④ CO_2

p.53 実力完成テスト

1 (1) 赤色（桃《もも》色）
(2) 白くにごった。
(3) 加熱後の白い固体
(4) ① Na_2CO_3　② H_2O

2 (1) 電流《でんりゅう》を流れやすくするため。
(2) 5 cm^3
(3) $2H_2O \rightarrow 2H_2+O_2$

3 (1)（発生する熱で）反応が進む。
(2) 試験管…B　物質…鉄
(3) 試験管…B　化学式…H_2
(4) $Fe+S \rightarrow FeS$

解説 **1** (1)試験管Aの口につくのは、分解《ぶんかい》により発生した水である。
(2)試験管Aからは分解により発生した二酸化炭素が試験管Bに出ていく。二酸化炭素を石灰水《せっかいすい》に通すと白くにごる。
(3)炭酸水素ナトリウムと加熱後の白い固体（炭酸ナトリウム）の水溶液《すいようえき》はどちらもアルカリ性だが、炭酸ナトリウム水溶液の方がアルカリ性が強

いため、濃《こ》い赤色になる。
(4)炭酸水素ナトリウムは炭酸ナトリウムと二酸化炭素と水に分解される。

2 (1)純粋《じゅんすい》な水には電流が流れにくい。とかした水酸化ナトリウムが電気分解《でんきぶんかい》されることはない。
(2)水素と酸素は2：1の体積比で発生する。陰極《いんきょく》側《がわ》には水素が集まるので、陽極側《ようきょくがわ》の酸素は

$10\,cm^3 \times \frac{1}{2} = 5\,cm^3$ 集まると考えられる。

3 (1)鉄と硫黄《いおう》の反応は熱が発生する反応である。
(2)磁石《じしゃく》は試験管**B**の鉄と硫黄の混合物中の鉄に引きつけられている。
(3)反応後の試験管**A**の物質は硫化鉄《りゅうかてつ》である。硫化鉄にうすい塩酸を加えると硫化水素《りゅうかすいそ》という卵《たまご》の腐《くさ》ったようなにおいの気体が発生する。試験管**B**では混合物中の鉄がうすい塩酸と反応して水素が発生する。水素は無色・無臭で、水素自身が音を立てて燃える性質がある。

5日目 さまざまな化学変化

p.54 基礎の確認

1 ① 酸素 ② 燃焼《ねんしょう》 ③ 酸化銅《さんかどう》 ④ 2CuO
⑤ 酸素 ⑥ 二酸化炭素 ⑦ 水 ⑧ 還元《かんげん》
2 ① 物質全体 ② 化学変化後
③ 4 ④ 1 ⑤ 3 ⑥ 2
⑦ 0.3 ⑧ 1.5 ⑨ 1.0 ⑩ 2.5
3 ① 発生 ② 吸収《きゅうしゅう》 ③ 発熱《はつねつ》 ④ 吸熱《きゅうねつ》

p.55 実力完成テスト

1 (1) 右図
(2) 3.0 g
(3) 4：5
(4) $2Cu + O_2 \rightarrow 2CuO$

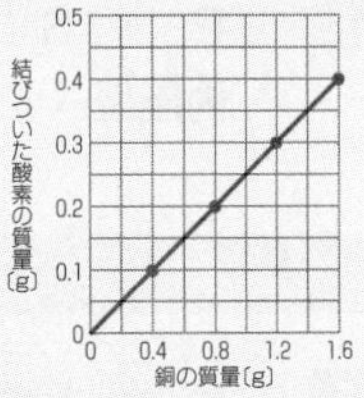

2 (1) CO_2
(2) ア (3) 質量保存の法則《しつりょうほぞんのほうそく》
(4) 発生した気体が外に逃《に》げたから。
3 (1) B (2) 酸化《さんか》 (3) アンモニア

解説 **1** (1)「結びついた酸素の質量＝加熱後の全体の質量－加熱前の全体の質量」より求める。
(2)表や(1)でかいたグラフより、銅1.6 gのとき、23.5 g－23.1 g＝0.4 gの酸素と結びついて、1.6 g＋0.4 g＝2.0 gの酸化銅ができる。よって、2.4 gの銅を加熱すると、$2.0\,g \times \frac{2.4\,g}{1.6\,g} = 3.0\,g$ の酸化銅ができる。
(3)(2)より、銅：酸化銅＝2.4 g：3.0 g＝4：5

2 (1)この実験では、
炭酸水素ナトリウム($NaHCO_3$)＋塩酸(HCl)→塩化ナトリウム(NaCl)＋水(H_2O)＋二酸化炭素(CO_2)の反応が起こっている。
(2)(3)密閉《みっぺい》容器内での反応なので、質量保存の法則が成り立つ。
(4)空気中に逃げた気体をふくめると質量保存の法則が成り立っている。

3 (1)実験**A**は発熱反応《はつねつはんのう》、実験**B**は吸熱反応《きゅうねつはんのう》の例である。
(3)実験**B**では、水酸化バリウム＋塩化アンモニウム→塩化バリウム＋アンモニア＋水 の反応が起こっている。

6日目 植物の種類と生活

p.56 基礎の確認

1 ① 目 ② 顔 ③ 接眼《せつがん》
④ 反射鏡《はんしゃきょう》 ⑤ しぼり（④⑤は順不同）
⑥ 調節 ⑦ 接眼
2 ① 柱頭《ちゅうとう》 ② 胚珠《はいしゅ》 ③ 果実《かじつ》 ④ 胚珠
⑤ 維管束《いかんそく》 ⑥ 主根《しゅこん》 ⑦ 側根《そっこん》 ⑧ 平行脈《へいこうみゃく》
3 ① 葉緑体《ようりょくたい》 ② 水
③ 二酸化炭素（②③は順不同）
④ 気孔《きこう》 ⑤ 酸素 ⑥ 二酸化炭素
⑦ 水蒸気 ⑧ 裏側《うらがわ》
4 ① シダ植物 ② 胞子《ほうし》 ③ 単子葉類《たんしようるい》

p.57 実力完成テスト

1 (1) 4倍 (2) ① せまく ② 暗く (3) エ
2 (1) ① 酸素 ② 二酸化炭素
(2) 呼吸《こきゅう》によって二酸化炭素が出されてふえたから。
(3) イの試験管の色の変化が植物のはたらきによるものかを確かめるため。
(4) 試験管アとイ（ア、イは順不同）
3 (1) 胞子《ほうし》
(2) ① 裸子植物《らししょくぶつ》 ② コケ植物
(3) ツユクサ、イネ
(4) 根・茎《くき》・葉の区別があるかないか。
／維管束《いかんそく》があるかないか。

解説 **1** (1)顕微鏡《けんびきょう》の拡大《かくだい》倍率＝接眼《せつがん》レンズの倍率×対物《たいぶつ》レンズの倍率　より、$15 \times x = 60$　$x = 4$

(2)倍率を高くすると、せまい範囲《はんい》が拡大されるので、視野《しや》はせばまり、せまい範囲の光の量は少ないので暗くなる。

(3)図の顕微鏡は上下左右が逆に見えるので、動かしたい向きと反対に動かす。

2 (1)**ア**は緑色→青色に変化したので、溶液《ようえき》が中性→アルカリ性になったことになり、溶液中の二酸化炭素が減ったことになる。このことから**ア**では光合成《こうごうせい》が行われており、酸素が放出されている。

(3)(4)条件のちがいから、**ア**と**ウ**、**イ**と**エ**、**ア**と**イ**がそれぞれ対照実験《たいしょうじっけん》である。

3 (3)ヒマワリとアサガオは双子葉類《そうしようるい》、スギとイチョウは裸子植物《らししょくぶつ》、スギゴケはコケ植物、スギナはシダ植物。

(4)シダ植物とコケ植物は、維管束《いかんそく》の有無でも分類できる。

7日目 動物の種類と生活

p.58 基礎の確認

1 ① 多細胞《たさいぼう》　② 核《かく》
③ 細胞膜《さいぼうまく》（②③は順不同）

2 ① 網膜《もうまく》　② 振動《しんどう》　③ 感覚《かんかく》　④ 脳《のう》　⑤ 運動《うんどう》
⑥ 脊髄《せきずい》

3 ① 消化酵素《しょうかこうそ》　② 柔毛《じゅうもう》　③ 肺循環《はいじゅんかん》
④ ヘモグロビン　⑤ 血《けっ》しょう
⑥ 組織液《そしきえき》　⑦ 肺胞《はいほう》　⑧ 肝臓《かんぞう》　⑨ じん臓《ぞう》

4 ① 背骨《せぼね》（脊椎《せきつい》）　② 背骨（脊椎）　③ 外骨格《がいこっかく》
④ 昆虫《こんちゅう》　⑤ 外《がい》とう膜《まく》

p.59 実力完成テスト

1 (1) 0.2秒　(2) ① 感覚神経《かんかくしんけい》（視神経《ししんけい》）
② 脊髄《せきずい》　(3) 反射《はんしゃ》

2 (1) 右心室《うしんしつ》　(2) A　(3) C

3 (1) ゴム風船　(2)（ひもを）引いたとき。

4 (1) 胎生《たいせい》　(2) 外《がい》とう膜《まく》
(3) 親は肺と皮膚《ひふ》、子はえらと皮膚で呼吸《こきゅう》する。
(4) ① D　② H　③ C

解説 **1** (1)表の5回の測定距離《きょり》の平均を求めると、$(18.5+19.2+19.3+18.8+19.2) \div 5 = 19.0$ cm　よって図2のグラフより、0.2秒と読みとれる。

(2)目の感覚神経（視神経）は脳《のう》の近くにあり、網《もう》膜《まく》で得た刺激《しげき》の信号は脊髄を通らずに脳に伝わる。脳からの命令の信号は脊髄をへて運動神経《うんどうしんけい》に伝わる。

(3)だ液やくしゃみが出る、熱いものにふれたとき思わず手を引っこめる、ひざをたたくと足がはね上がるなどはすべて無意識の反射の反応。

2 (2)血液が肺にもどる直前の血管に、最も多くの二酸化炭素をふくむ血液が流れている。

(3)尿素《にょうそ》はじん臓でこしとられるので、じん臓を通ったあとの血液が尿素の割合が最も小さい。

3 (1)ゴム風船は肺、ガラス管は肺の気管、ゴム膜は横隔膜《おうかくまく》、プラスチック容器は胸部《きょうぶ》の空間にあたる。

(2)息を吸《す》うときは横隔膜（ゴム膜）が下がり、ろっ骨《こつ》が上がって肺が広がる。

4 (1)**X**にあてはまるのは哺乳類《ほにゅうるい》だけなので、哺乳類だけの特徴《とくちょう》である。対になっているのが「卵生」なので、なかまのふえ方に関する語句とわかる。

(4)③クモは節足動物《せっそくどうぶつ》だが、昆虫類《こんちゅうるい》でも甲殻類《こうかくるい》でもない。

8日目 大地の変化

p.60 基礎の確認

1 ① 侵食《しんしょく》　② 運搬《うんぱん》　③ 堆積《たいせき》　④ れき　⑤ 泥《どろ》
⑥ 丸み　⑦ 環境《かんきょう》　⑧ 時代（地質年代《ちしつねんだい》）

2 ① マグマ　② おだやかで　③ 黒っぽく
④ 横に広がった（なだらかな）　⑤ 地熱
⑥ 火山灰《かざんばい》　⑦ マグマ　⑧ 斑晶《はんしょう》　⑨ 斑状《はんじょう》
⑩ 等粒状《とうりゅうじょう》　⑪ 石英《せきえい》

3 ① P　② S　③ 比例　④ 大陸（陸の）
⑤ 内陸型《ないりくがた》　⑥ しゅう曲《きょく》　⑦ 液状化《えきじょうか》（現象）

p.61 実力完成テスト

1 (1) 粒《つぶ》の大きさ　(2) 火山の噴火《ふんか》（火山活動）
(3) しだいに深くなった。
(4) あたたかくて浅い海。

2 (1) つくり…斑状組織《はんじょうそしき》
でき方…マグマが地表近くで急に冷やされてできた。
(2) 花《か》こう岩《がん》
(3) ウ

3 (1) B　(2) 初期微動継続時間《しょきびどうけいぞくじかん》　(3) 7 km/s
(4) 28秒後　(5) 43秒後

解説 **1** (1)泥《どろ》（泥岩《でいがん》）の粒は 0.06 mm 以下、砂《すな》（砂岩《さがん》）の粒は 0.06～2 mm、れき（れき岩《がん》）の粒は 2 mm 以上。

(3)地層《ちそう》はふつう下の層ほど古いので、れき→砂→泥の順に、粒の大きいもの→小さいものへと積もったことから、ここの海底は岸近く→沖合《おきあい》へと変化（沈降《ちんこう》）したと考えられる。

(4)サンゴやシジミ、ブナなどの化石《かせき》は当時の環境《かんきょう》を知る手がかりとなる示相化石《しそうかせき》である。

2 (1)斑状組織には、急に冷やされたため、大きな鉱物《こうぶつ》（斑晶《はんしょう》）になりきれなかった石基《せっき》が見られる。

(2)**図2**の等粒状組織《とうりゅうじょうそしき》をもつ深成岩《しんせいがん》で、白っぽいのは花こう岩。**図1**の安山岩《あんざんがん》は火山岩《かざんがん》のなかま。

3 (1)グラフの 0 の点が地震《じしん》が発生した時刻である。先に到着《とうちゃく》している**A**のグラフがP《ピー》波《は》で初期微動を起こす。**B**はS《エス》波《は》で主要動《しゅようどう》を起こすグラフ。

(3)**A**のグラフの交点（25, 175）より、

175 km÷25 s＝7 km/s

(4) 196 km÷7 km/s＝28 s

(5)震源《しんげん》からの距離《きょり》が 150 km の地点に S 波が到着するのは、グラフより地震発生から 50 秒後。よって、50 s－7 s＝43 s

9日目 天気とその変化

p.62 基礎の確認

1 ① 4 ② 大気 ③ 水蒸気 ④ 低い ⑤ 100 ⑥ 飽和水蒸気量《ほうわすいじょうきりょう》

2 ① 膨張《ぼうちょう》 ② 下がり ③ 凝結《ぎょうけつ》 ④ 上昇《じょうしょう》 ⑤ 下降《かこう》 ⑥ 前線《ぜんせん》 ⑦ 北 ⑧ 下 ⑨ 南 ⑩ 上

3 ① 気温 ② 冬 ③ 夏 ④ 偏西風《へんせいふう》 ⑤ 北西 ⑥ 南東 ⑦ 高気圧《こうきあつ》 ⑧ 低気圧《ていきあつ》 ⑨ 梅雨《ばいう》

p.63 実力完成テスト

1 (1) 天気…くもり　風向《ふうこう》…南　風力《ふうりょく》…5

(2) 前線の名称《めいしょう》…寒冷前線《かんれいぜんせん》

理由…気温が急に下がって、北寄りの風に変わったから。

(3) エ

2 (1) 22.0 ℃ (2) 82% (3) 16 g

3 (1) 引いたとき。 (2) 下がる。(小さくなる。)

(3) ① 膨張《ぼうちょう》 ② 露点《ろてん》

(4) ア、イ、オ

解説 **1** (1)風向は矢の向きから、風力は矢羽根の数から読みとる。

(3)**ア**は停滞前線《ていたいぜんせん》、**イ**は閉そく前線《ぜんせん》、**ウ**は温暖前《おんだんぜん》線《せん》、**エ**は寒冷前線の記号である。

2 (1)気温は乾球《かんきゅう》温度計の示度《しど》である。示度はふつう乾球温度計の方が湿球《しっきゅう》温度計よりも高くなる。

(2)湿球温度計は 20.0 ℃を示しているので、湿度表の横軸《よこじく》の示度の差は 22.0 ℃－20.0 ℃＝2.0 ℃

縦軸《たてじく》と横軸の交点より 82 と読みとれる。

(3)表より、22 ℃での飽和水蒸気量《ほうわすいじょうきりょう》は 19.4 g/m^3 なので、$19.4\ \mathrm{g/m^3} \times \frac{82}{100} = 15.9\cdots\mathrm{g/m^3}$　より、16 g/m^3

3 (1)線香《せんこう》のけむりが水蒸気が凝結《ぎょうけつ》するときの核《かく》となって水滴《すいてき》ができ、白くくもる。ピストンを押《お》すと水滴は消える。

(2)ピストンを引くと、フラスコ内部の空気が膨張して体積がふえ、空気の温度が下がる。

(4)空気のかたまりが上昇《じょうしょう》する状況《じょうきょう》で雲ができやすい。**イ**の低気圧《ていきあつ》の中心付近は上昇気流が起きているので雲が発生しやすい。**ウ**の高気圧《こうきあつ》の中心付近は下降気流《かこうきりゅう》が起きているため、雲は発生しにくく晴れていることが多い。**エ**の地面が冷やされたときは、地面付近の空気中の水蒸気が冷やされて霧《きり》が発生することがある。**オ**は地面付近の空気があたためられて軽くなり、上昇気流が発生して雲ができやすい。

10日目 総復習テスト p.64

1 (1) ア

(2) 20 Ω

(3) 200 J

(4) 右図

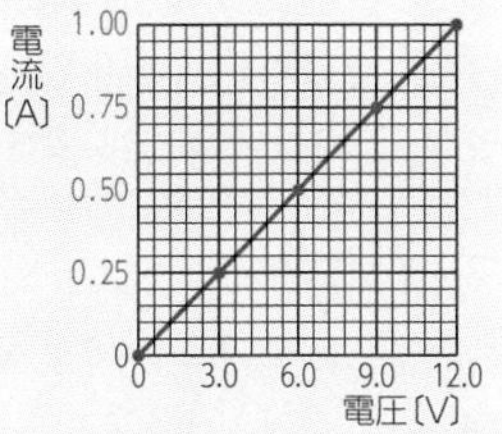

(5) 40 Ω

2 (1)（物質《ぶっしつ》）S

(2) イ

(3) 24%

(4) イ

3 (1) Ⅰ…AとC　Ⅱ…BとD

(2) ア

(3) ① 柔毛《じゅうもう》 ② ア ③ エ

4 (1) ① ア

② 示相化石《しそうかせき》

(2) ア→ウ→イ

(3) 54 m

解説 **1** (1)電流計《でんりゅうけい》は回路《かいろ》に直列《ちょくれつ》につなぎ、電圧計《でんあつけい》は回路に並列《へいれつ》につなぐ。**図1**の回路で並列につないであるのは**ア**である。

(2)表より、抵抗器《ていこうき》**A**には 12.0 V の電圧が加わったとき、0.60 A の電流が流れている。オームの法則より、抵抗の値は、$\frac{12.0\ \text{V}}{0.60\ \text{A}}=20\ \Omega$

(3)「電力量《でんりょくりょう》〔J〕＝電力《でんりょく》〔W〕×時間〔s〕」
「電力〔W〕＝電圧〔V〕×電流〔A〕」より、
「電力量〔J〕＝電圧〔V〕×電流〔A〕×時間〔s〕」
抵抗器**B**の抵抗の大きさは、(2)と同様に、
$\frac{12.0\ \text{V}}{0.40\ \text{A}}=30\ \Omega$　抵抗器**B**に 5.0 V の電圧が加わったときに流れる電流は、$\frac{5.0\ \text{V}}{30\ \Omega}=\frac{1}{6}\text{A}$
よって電力量は、$5.0\ \text{V}\times\frac{1}{6}\text{A}\times(60\times4)\text{s}=200\ \text{J}$

(4)**図2**は並列回路《へいれつかいろ》なので、抵抗器**A**と**B**にはそれぞれ同じ電圧が加わる。そのため、回路全体を流れる電流の大きさは、抵抗器**A**と**B**のそれぞれに流れる電流の和となる。よって、(0, 0)(3.0, 0.25)(6.0, 0.50)(9.0, 0.75)(12.0, 1.00) の各点を通る直線となる。縦軸《たてじく》の目盛りは最大値 1.00 A がグラフに収まるように入れる。

(5)抵抗器**B**に流れる電流の大きさは、表より 0.20 A
よって、抵抗器**B**と並列な抵抗器**A**と**C**には、0.30 A－0.20 A＝0.10 A　の電流が流れている。また、抵抗器**A**と**C**は直列につながっているので、**A**と**C**を合わせた抵抗（合成抵抗）には、並列な抵抗器**B**と同じ 6.0 V の電圧が加わっている。よって、**A**と**C**の合成抵抗の大きさは、
$\frac{6.0\ \text{V}}{0.10\ \text{A}}=60\ \Omega$
抵抗器**C**の抵抗の大きさは、$60\ \Omega-20\ \Omega=40\ \Omega$

2 (1)とけ残りが最も大きいのは、60 ℃での溶解《ようかい》度《ど》が最も小さい**S**である。また、物質《ぶっしつ》**P**～**S**のうち、60 ℃で 1 個だけがすべてとけたことから、水に加えた質量《しつりょう》は、グラフの横軸《よこじく》の 60 ℃のときの**P**と**Q**の溶解度の間の質量の$\frac{25}{100}$と考えられる。

(2)飽和水溶液《ほうわすいようえき》になる温度より水温が下がると、結《けっ》晶《しょう》が出始める。物質**P**が飽和水溶液になるのは、グラフの溶解度曲線で縦軸《たてじく》が 30 g のときの温度で、それは 15～20 ℃の間である。

(3)(4)**表**より、物質**P**は 20 ℃の水 100 g に 32 g までとけるので、水 25 g には $32\ \text{g}\times\frac{25}{100}=8\ \text{g}$ までとける。このときの飽和水溶液の質量パーセント濃度《のうど》は、$\frac{8\ \text{g}}{25\ \text{g}+8\ \text{g}}\times100=24.2\cdots$　より、24 %
また、60℃の水にとけていた 15 g のうち、
15 g－8 g＝7 g が結晶として出てくる。

3 (1)**C**、**D**は、**A**、**B**に加えたものが、だ液か水かのちがいだけの対照実験《たいしょうじっけん》である。Ⅰではデンプンの確認なので、ヨウ素溶液《そようえき》の反応を調べた**A**と**C**があてはまる。Ⅱでは麦芽糖《ばくがとう》などの確認なので、ベネジクト溶液の反応を調べた**B**と**D**があてはまる。

(2)**イ**のトリプシンは、すい液にふくまれるタンパク質を分解《ぶんかい》する消化酵素《しょうかこうそ》。**ウ**のペプシンは、胃液にふくまれるタンパク質を分解する消化酵素。**エ**のリパーゼは、すい液にふくまれる脂肪《しぼう》を分解する消化酵素。

(3)胆汁《たんじゅう》には消化酵素はふくまれないが、脂肪をより小さな粒《つぶ》にするなど、消化を助けている。胆汁は胆のうに一時的にたくわえられて、十二指腸《じゅうにしちょう》（小腸のはじまり）に出される。

4 (1)①サンヨウチュウは古生代《こせいだい》の示準化石《しじゅんかせき》。古生代の示準化石としては、ほかにフズリナ、リンボク、ハチノスサンゴなどがある。表にあるビカリアは、新生代《しんせいだい》の代表的な示準化石である。
②サンゴのように現在まで生きている生物は、生息する環境《かんきょう》がわかっているので、そのなかまの化石が見つかれば、当時の環境を推測できる。

(2)火山噴火《ふんか》で堆積《たいせき》してできた凝灰岩《ぎょうかいがん》の層や、火山《かざん》灰《ばい》の層のように、地層《ちそう》のつながりを推測できる層は、「鍵層《かぎそう》」とよばれる。**図2**の凝灰岩の層がつながっていることから、凝灰岩のすぐ上に**ア**の砂《さ》岩《がん》の層、その上に**ウ**の石灰岩《せっかいがん》の層、その上に砂岩の層、さらに**イ**のれき岩《がん》の層と堆積《たいせき》している。地層の逆転などがないので、上の地層ほど新しく堆積した地層といえる。

(3)**X**～**Z**地点に共通して見られる凝灰岩の層が水平につながっている。**X**地点の凝灰岩の上面の標高は、**図2**より、47 m－2 m＝45 m で、**Y**地点の凝灰岩の上面の標高も同じ 45 m である。**図2**より、**Y**地点の凝灰岩の上面は地表から 9 m の深さにあるので、地表面の標高は、
45 m＋9 m＝54 m となる。

社　会

1日目 世界の姿

p.66 基礎の確認

1 ①ユーラシア　②緯度《いど》　③経度《けいど》
④ヨーロッパ　⑤オセアニア　⑥太平《たいへい》

2 ①15　②択捉《えとろふ》　③南鳥《みなみとり》　④沖ノ鳥《おきのとり》

3 ①熱　②乾燥《かんそう》　③温　④冷（亜寒《あかん》）
⑤キリスト教

p.67 実力完成テスト

1 (1)大西洋《たいせいよう》
(2)南緯45度、東経165度　記号　ア　(3)ア

2 (1)エ　(2)イ

3 (1)エ　(2)B
(3)宗教　ヒンドゥー教　記号　ウ

解説 **1** (2)ある地点から見て、地球の中心を通って反対側にあたる地点を対蹠点《たいせきてん》という。
(3)カイロとニューヨークの経度差は、30＋75＝105で105度。時差は105÷15＝7より、7時間。ニューヨークはカイロより時刻が遅《おそ》いので、カイロより7時間遅い12月31日午後10時である。

2 (1)日本は北緯約20～46度の範囲《はんい》にある。同じ緯度の範囲にはヨーロッパ南部のイタリアやスペインなど地中海沿岸の国々のほか、中国やアメリカ合衆国などがある。
(2)**ア**と**ウ**は**領海**の説明である。

3 (1)雨温図の12～2月の気温が高く、6～8月の気温が低いことに注目する。ここから日本などの北半球と季節が逆の南半球の雨温図だとわかる。**ア**～**エ**のうち南半球の都市は、**エ**のブエノスアイレス（アルゼンチン）のみ。ブエノスアイレスは**温帯**の温暖湿潤《しつじゅん》気候である。
(2)写真は日干しれんがの住居。**B**の地域は乾燥帯で、雨が少ないため樹木がほとんどみられない。そのため土からつくった日干しれんがの住居が多い。
(3)ヒンドゥー教徒には、牛肉に限らず、肉や魚を食べない菜食主義者（ベジタリアン）も多い。また聖なる川のガンジス川で身を清める（沐浴《もくよく》）。**ア**は**キリスト教**、**イ**は**イスラム教**の特色である。

2日目 世界の諸地域

p.68 基礎の確認

1 ①一人っ子　②インド　③原油（石油）
④EU　⑤ラテン　⑥フィヨルド
⑦黄河《こうが》　⑧アルプス　⑨ヒマラヤ

2 ①サンベルト　②鉄鉱石　③ロッキー
④アマゾン　⑤アンデス

3 ①カカオ（豆）　②肉牛（牛）
③アボリジニ　④サハラ　⑤ナイル

p.69 実力完成テスト

1 (1)夏　(2)A　ウ　B　イ　C　ア
(3)経済特区

2 (1)①A　エ　B　ア
②バイオ燃料（バイオエタノール）
(2)記号　d
正しい語句　ICT(情報通信技術)関連企業《きぎょう》
(3)ア

解説 **1** (1)**季節風（モンスーン）**は、夏は海洋から吹《ふ》いてきて、冬は内陸から吹き出す。
(2)**A**はイタリアで、**地中海式農業**がさかん。ギニア湾岸《わんがん》にある**B**はコートジボワールで、カカオ豆の生産量が世界一である。**C**はマレーシアで、油やしからとれるパーム油は、石けんやマーガリンの原料になる。
(3)中国は、外国の資本や技術を導入しようと**経済特区**を設置した。その後、中国の工業は急速に発達し、現在では中国でつくられた工業製品が世界中に輸出されていることから「世界の工場」と呼ばれている。

2 (1)**バイオ燃料**は、さとうきびやとうもろこし、木くずなど植物を原料とする燃料である。植物は生長過程で光合成をして大気中の二酸化炭素を吸収するため、バイオ燃料を燃やしても計算上は大気中の二酸化炭素が増えない。そのため、環境《かんきょう》にやさしいエネルギーといわれている。
(2)**シリコンバレー**には、世界各国から優秀《ゆうしゅう》な技術者が集まり、高度な技術の開発が進められている。
(3)オーストラリアは鉱産資源が豊富で、西部で鉄鉱石、東部で石炭を産出し、日本にも多く輸出されている。

3日目 身近な地域・日本の地域的特色

p.70 基礎の確認

1 ① 縮尺　② 北　③ 狭《せま》い
④ 畑　⑤ 果樹園　⑥ 図書館

2 ① 日本アルプス（日本の屋根）
② 黒潮《くろしお》（日本海流）　③ 親潮《おやしお》（千島《ちしま》海流）
④ 季節風（モンスーン）　⑤ 扇状地《せんじょうち》
⑥ 三角州　⑦ 冬　⑧ 瀬戸内《せとうち》　⑨ 夏
⑩ 南西諸島（亜《あ》熱帯）　⑪ 火山　⑫ 津波《つなみ》
⑬ 防災　⑭ 公助《こうじょ》

p.71 実力完成テスト

1 (1) 1000（m）　(2) Y　(3) ウ

2 (1) フォッサマグナ　(2) リアス海岸
(3) A　ア　B　エ　C　ウ　D　イ
(4) イ

解説 **1** (1)実際の距離《きょり》は、「**地形図上の長さ×縮尺の分母**」で求められる。この地形図の縮尺は2万5千分の1なので、地形図上で4cmあるA点とB点間の実際の距離は、4cm×25000＝100000cm＝1000mとなる。単位の換算《かんさん》をまちがえないようにしよう。

(2)等高線の間隔《かんかく》から土地の傾斜《けいしゃ》がわかる。間隔が狭いほど傾斜は急で、間隔が広いほど傾斜は緩《ゆる》やかになっている。Xは等高線が低い方へ張り出していて、山の尾根《おね》と考えられる。

(3)地形図では**上が北**になっていて、温泉は、B点から見て北西にある。

2 (2)**リアス海岸**の代表例は、地図中に示されている三陸《さんりく》海岸南部と若狭湾《わかさわん》沿岸。リアス海岸の湾内は波がおだやかで養殖業《ようしょくぎょう》に適している。

(3)Aは**日本海側の気候**に属する新潟県の上越《じょうえつ》市（高田《たかだ》）で、冬の降水量がとくに多い**ア**の雨温図があてはまる。Cは**太平洋側《たいへいようがわ》の気候**に属する愛知県の名古屋市《なごやし》で、夏の降水量がとくに多い**ウ**の雨温図があてはまる。残った**イ**と**エ**の雨温図はどちらも一年を通して降水量が少ない。このうち冬の気温が比較的《ひかくてき》暖かい**イ**が**瀬戸内の気候**に属するDの岡山県の岡山市。夏と冬の気温差が大きい**エ**が**内陸（中央高地）の気候**に属するBの長野県の松《まつ》本市《もとし》。

(4)写真は津波避難《ひなん》タワーである。

4日目 日本の人口・産業・貿易

p.72 基礎の確認

1 ① 高齢《こうれい》　② 過密　③ 過疎《かそ》　④ 火力

2 ① 食料自給　② 抑制《よくせい》　③ 近郊《きんこう》
④ 養殖業《ようしょくぎょう》（養殖漁業）　⑤ 中京《ちゅうきょう》工業地帯
⑥ 阪神《はんしん》工業地帯　⑦ 太平洋《たいへいよう》
⑧ 京浜《けいひん》工業地帯

3 ① アジア　② 石油（原油）　③ 自動車

p.73 実力完成テスト

1 (1) ウ→ア→イ
(2) A　イ　B　エ　C　ア

2 (1) 促成栽培《そくせいさいばい》　(2) 潮目《しおめ》（潮境《しおざかい》）
(3) X　エ　Y　ア

3 (1) イ　(2) ウ

解説 **1** (1)日本の人口ピラミッドは、「富士山型《ふじさんがた》→つりがね型→つぼ型」と変化してきた。日本は、世界の中でも**少子高齢化**が急速に進んでいる。

(2)日本の鉄鉱石と石炭の輸入先は、いずれも**オーストラリア**が1位で半分以上を占《し》めている。グラフを見分けることができるように、2位の輸入先も押《お》さえておくこと。

2 (1)Aは高知平野、Bは宮崎平野である。いずれも冬に比較的《ひかくてき》暖かい気候で、ビニールハウスなどの施設《しせつ》を利用して、ピーマンやなすなどの野菜の**促成栽培**がさかんである。

(3)Xは愛知県を中心に形成されている**中京工業地帯**である。工業生産額が日本一で、豊田市《とよたし》の自動車工業（輸送機械工業）に代表されるように機械工業の割合がとくに高くなっている。Yは大阪府から兵庫県にかけて形成されている**阪神工業地帯**である。ほかの工業地帯・地域と比べて、金属工業の割合が高いのが特徴《とくちょう》である。

3 (1)1980年代、日本の輸出超過《ちょうか》によりアメリカ合衆国などとの間で**貿易摩擦《まさつ》**が起こった。日本企業《きぎょう》はこれを解消するため、現地に建設した工場で自動車などを直接生産するなどの対策をとった。

(2)航空輸送は、軽量で高価な電子部品や新鮮《しんせん》さが重要な野菜・花を運ぶのに適している。自動車や鉄鋼、原油は主に船で運ばれている。

5日目 日本の諸地域

p.74 基礎の確認

1 ① シラス　② 筑紫《つくし》　③ 促成《そくせい》
④ 瀬戸内《せとうち》
⑤ 地域おこし（町おこし・村おこし）
⑥ 阿蘇《あそ》　⑦ 桜島《さくらじま》（御岳《おんたけ》）

2 ① 紀伊《きい》　② 阪神《はんしん》　③ 東海《とうかい》　④ 地場
⑤ 高原野菜　⑥ 中京《ちゅうきょう》　⑦ 琵琶《びわ》　⑧ 信濃《しなの》

3 ① ヒートアイランド　② 京浜《けいひん》
③ やませ　④ 工業団地　⑤ アイヌ
⑥ 石狩《いしかり》　⑦ 関東

p.75 実力完成テスト

1 (1) イ　(2) イ
(3) (例) 歴史的な景観や町並みを損なわない ようにするため。
(4) 長野県　イ　愛知県　ア

2 (1) ウ　(2) B　(3) イ
(4) X県　イ　Y県　エ

解説 **1** (1)**ア**は長崎県の雲仙岳《うんぜんだけ》（普賢岳《ふげんだけ》）、**ウ**は鹿児島県の桜島（御岳《おんたけ》）である。

(2)**B**県は徳島県で、大鳴門橋《おおなるときょう》と明石海峡大橋《あかしかいきょうおおはし》の開通により本州《ほんしゅう》との間の移動時間が大幅《おおはば》に短縮された。これにより徳島県では、神戸《こうべ》や大阪などの大都市へ買い物に出かける人が増え、地元の小売業が大きな打撃《だげき》を受けた。

(3)**X**の京都市はかつて都が置かれた**古都**で、歴史的な町並みが残っている。

(4)愛知県は野菜や畜産《ちくさん》の割合が高いこと、長野県は果実や野菜の割合が高いことに注目する。米の割合が高い**ウ**は新潟県のグラフである。

2 (1)**ア**は石狩平野、**イ**は十勝《とかち》平野である。

(2)**やませ**は夏に吹《ふ》く、冷たく湿《しめ》った北東風である。やませが吹くと、東北地方の太平洋側《たいへいようがわ》ではくもりや霧《きり》の日が続く。日照不足と低温になり、稲《いね》が十分に育たず、**冷害**になることがある。

(3)**C**は青森市。**ア**の竿燈《かんとう》まつりは秋田市、**ウ**の七夕まつりは仙台市《せんだいし》（宮城県）で行われる。

(4)**X**は群馬県で**北関東工業地域**が広がり、自動車や電気機械の工場が進出している。**Y**は千葉県で**京葉《けいよう》工業地域**が広がり、石油化学コンビナートが立ち並んでいる。

6日目 文明のおこりと古代の日本

p.76 基礎の確認

1 ① くさび形　② エジプト　③ 甲骨《こうこつ》
④ 打製　⑤ 稲作《いなさく》　⑥ 卑弥呼《ひみこ》
⑦ 大和《やまと》政権（ヤマト王権）

2 ① 十七条の憲法　② 大化《たいか》の改新　③ 大宝《たいほう》
④ 平城《へいじょう》　⑤ 天平《てんぴょう》　⑥ 最澄《さいちょう》
⑦ 空海《くうかい》　⑧ 摂関《せっかん》　⑨ 国風

p.77 実力完成テスト

1 (1) イ　(2) ① 土偶《どぐう》・縄文《じょうもん》土器
② 埴輪《はにわ》・前方後円墳《ぜんぽうこうえんふん》　③ 弥生《やよい》土器・卑弥呼

2 (1) 冠位《かんい》十二階　(2) ア
(3) イ　(4) 桓武《かんむ》天皇
(5) (例) 娘《むすめ》を天皇のきさきにし、その子を天皇に立てて勢力を伸《の》ばしたから。　(6) エ

解説 **1** (1)チグリス川とユーフラテス川の流域に栄えた、**メソポタミア文明**について述べている。

(2)①縄文時代について述べた文である。土偶は土の人形で、食物の豊かな実りなどを祈《いの》るまじないに用いられたといわれる。②古墳《こふん》時代について述べた文。埴輪は、**前方後円墳**などの古墳の周りや墳丘《ふんきゅう》の上に置かれた。③弥生時代について述べた文。この時代には土地や水、蓄《たくわ》えた食料をめぐって戦いがおこり、強いむらは弱いむらを従えて「くに（国）」となった。

2 (1)冠《かんむり》の色で役人の位を示した。

(2)**調**は絹や魚などの地方の特産物を納め、**租《そ》**は口分田の収穫量《しゅうかくりょう》の約３％の稲《いね》を納める税。

(3)東大寺《とうだいじ》の大仏をつくった**聖武《しょうむ》天皇**のころに最も栄え、このころの元号から**天平文化**と呼ばれる。**ア**は藤原氏《ふじわらし》が摂関政治を行ったころに最も栄えた国風文化で、**ウ**は推古《すいこ》天皇のころにおこった飛鳥《あすか》文化のことである。

(5)貴族社会においては、子は妻の実家で育てる習慣があったため、朝廷《ちょうてい》で勢力を伸ばすには、天皇の母方の祖父になることが重要だった。

(6)大化の改新を始めた中大兄皇子《なかのおおえのおうじ》は、のちに即位《そくい》して**天智《てんじ》天皇**となる。その天智天皇のあと継《つ》ぎをめぐって672年におこったのが壬申《じんしん》の乱である。**ア**と**ウ**は平安時代、**イ**は奈良時代のできごと。

7日目 中世社会の展開

p.78 基礎の確認

1 ① **源氏《げんじ》** ② **院政** ③ **日宋《にっそう》** ④ **源頼朝《みなもとのよりとも》**
⑤ **北条《ほうじょう》** ⑥ **御成敗式目《ごせいばいしきもく》（貞永式目《じょうえいしきもく》）**
⑦ **浄土《じょうど》** ⑧ **親鸞《しんらん》** ⑨ **道元《どうげん》**

2 ① **徳政令（永仁《えいにん》の徳政令）**
② **後醍醐《ごだいご》天皇** ③ **建武《けんむ》** ④ **足利義満《あしかがよしみつ》**
⑤ **座** ⑥ **足利義政《よしまさ》** ⑦ **書院造《しょいんづくり》** ⑧ **応仁《おうにん》**

p.79 実力完成テスト

1 (1) **エ** (2) ① **執権《しっけん》** ② **守護** ③ **ア**
(3) **ウ**

2 (1) **B→D→A→C**
(2) (例) **倭寇《わこう》と正式な貿易船を区別するため。**
(3) **イ** (4) **下剋上《げこくじょう》** (5) **ウ**

解説 **1** (1)**御成敗式目**は、鎌倉幕府の執権北条泰《やす》時《とき》が制定した法令で、御家人《ごけにん》に裁判や政治の判断の基準、守護・地頭の役割などを示した。

(2)①執権は将軍の補佐役で、北条氏が代々その役職を独占《どくせん》して政治を行った（**執権政治**）。②地頭と混同しないようにする。地頭は荘園《しょうえん》や公領ごとに置かれ、年貢《ねんぐ》の取り立てなどを行った。③**承久《じょうきゅう》の乱**では、北条政子《まさこ》（源頼朝の妻）の訴《うった》えなどもあり、御家人は結束して後鳥羽《ごとば》上皇の軍を破った。

(3)浄土真宗《じょうどしんしゅう》を開いたのは**親鸞《しんらん》**、曹洞宗《そうとうしゅう》を開いたのは**道元《どうげん》**、浄土宗を開いたのは**法然《ほうねん》**。

2 (1)A足利義満が日明《にちみん》貿易を始めたのは1404年。B元寇《げんこう》（蒙古《もうこ》襲来）は1274年と1281年。C応仁の乱がおこったのは1467年。D建武の新政が始まったのは1334年である。

(2)**倭寇**は、14世紀ごろから中国や朝鮮《ちょうせん》半島沿岸で海賊行為《かいぞくこうい》を行っていた者たちで、西日本の武士や商人などで構成されていた。

(3)元の5代皇帝《こうてい》**フビライ＝ハン**は日本に服属を要求したが、鎌倉幕府の執権北条時宗《ときむね》がこれを拒否《きょひ》した。

(4)下剋上の風潮が広まる中、守護大名が成長したり、その家来が大名の地位を奪《うば》ったりして、実力で領国を治める**戦国大名**が各地に登場した。

(5)寝殿造《しんでんづくり》は平安《へいあん》時代の貴族の邸宅《ていたく》。室町時代には禅宗《ぜんしゅう》寺院の様式を取り入れた**書院造《しょいんづくり》**が生まれた。書院造は、現在の和風建築のもととなった。

8日目 近世の日本と世界

p.80 基礎の確認

1 ① **十字軍** ② **コロンブス** ③ **マゼラン**

2 ① **種子《たねが》**
② **ザビエル（フランシスコ＝ザビエル）**
③ **長篠《ながしの》** ④ **太閤検地《たいこうけんち》** ⑤ **桃山《ももやま》**

3 ① **徳川家康《とくがわいえやす》** ② **武家諸法度《ぶけしょはっと》**
③ **島原《しまばら》・天草《あまくさ》** ④ **寛政《かんせい》の改革**
⑤ **水野忠邦《みずのただくに》** ⑥ **元禄《げんろく》** ⑦ **化政《かせい》** ⑧ **蘭《らん》**

p.81 実力完成テスト

1 (1) ① **イ** ② **ルネサンス**
(2) ① **豊臣秀吉《とよとみひでよし》** ② (例) **農民の一揆《いっき》を防ぎ、耕作に専念させるため。**

2 (1) ① **参勤交代** ② **ウ**
(2) 改革名 **享保《きょうほう》の改革** 記号 **エ**
(3) ① **イ** ② **イ**

解説 **1** (1)①バスコ＝ダ＝ガマは、インド航路を開拓《かいたく》した。**ア**は西インド諸島に到達《とうたつ》したコロンブスの航路、**ウ**は世界一周を達成したマゼランの船隊の航路である。②**ルネサンス**は、14世紀にイタリアで始まり、西ヨーロッパ各地に広がった。

(2)①史料の法令は、豊臣秀吉が1588年に出した**刀《かたな》狩令《がりれい》**である。②刀狩で一揆を防ぎ、農民を耕作に専念させ、年貢《ねんぐ》の徴収《ちょうしゅう》を確実なものにした。

2 (1)①大名が1年おきに江戸と領地を往復する**参勤交代**の制度は、江戸までの旅費や江戸屋敷《やしき》での費用が多くかかった。そのため、大名にとって大きな経済的負担となった。②徳川家光《いえみつ》は江戸幕府の3代将軍で、このころに**幕藩《ばくはん》体制**が完成した。

(2)**エ**の**公事方御定書《くじかたおさだめがき》**は、裁判の基準となる法律である。享保の改革ではほかにも、民衆の意見を取り入れるために**目安箱《めやすばこ》**が設置されたり、年貢米を増やすために新田開発が奨励《しょうれい》されたりした。**ア**は、水野忠邦が行った天保《てんぽう》の改革の内容、**イ**と**ウ**は、松平定信《まつだいらさだのぶ》が行った寛政の改革の内容である。

(3)①鎖国《さこく》中にオランダとの貿易の窓口となったのは長崎である。②**X**の大阪と**Y**の京都の上方《かみがた》を中心に栄えた町人文化を**元禄《げんろく》文化**という。**ア**の**化政《かせい》文化**は江戸を中心に栄えた町人文化である。

9日目 近代国家の成立と展開

p.82 基礎の確認

1 ① **人権宣言** ② **イギリス** ③ **日米和親《にちべいわしん》**
④ **日米修好通商《にちべいしゅうこうつうしょう》** ⑤ **大政奉還《たいせいほうかん》**

2 ① **富国強兵《ふこくきょうへい》** ② **地租改正《ちそかいせい》** ③ **徴兵令《ちょうへいれい》**
④ **殖産興業《しょくさんこうぎょう》** ⑤ **板垣退助《いたがきたいすけ》** ⑥ **伊藤博文《いとうひろぶみ》**
⑦ **貴族院**

3 ① **下関《しものせき》** ② **三国干渉《さんごくかんしょう》** ③ **ポーツマス**

p.83 実力完成テスト

1 (1) **エ** (2) ① **ア・ウ**
② **(例)輸入品にかける税金(関税)の率を自由に決める権利。** ③ **徳川慶喜《とくがわよしのぶ》**
④ **C→D→B→E→A**

2 (1) **廃藩置県《はいはんちけん》** (2) **現金**
(3) **イ→ア→エ→ウ**
(4) **ア** (5) **(例)賠償金《ばいしょうきん》がとれなかったから。**

解説 **1** (1)**人権宣言**では、自由・平等、国民主権、私有財産の不可侵《ふかしん》などが唱えられた。
(2)①**日米和親条約**で開かれたのは**ア**の函館《はこだて》と**ウ**の下田《しもだ》の2港である。**日米修好通商条約**で開かれたのは函館、神奈川(横浜《よこはま》)、新潟、兵庫(神戸《こうべ》)、長崎の5港である。下田は、日米修好通商条約の締結《ていけつ》で閉鎖《へいさ》された。②貿易が始まり、安い綿織物や綿糸が外国から輸入されたことで、国内の生産地は大打撃《だいだげき》を受けた。④**C**は1854年、**D**は1858年、**B**は1866年のできごとである。1867年10月には、江戸《えど》幕府の15代将軍徳川慶喜が天皇に政権の返上を申し出た(**大政奉還**)。しかし同年12月、倒幕派は朝廷《ちょうてい》を動かして天皇中心の新政府の成立を宣言した(**王政復古の大号令**)。

2 (1)明治新政府は中央集権国家の確立を目指して、**版籍奉還《はんせきほうかん》**を行い、大名に土地(版)と人民(籍)を天皇に返させた。しかし、藩の政治はもとの藩主がそのまま担ったので効果がなかった。
(2)**地租改正**により、税の納め方が米から現金に変わったことで国の収入が安定した。
(3)**ア**は1880年、**イ**は1874年、**ウ**は1889年、**エ**は1885年のできごと。
(4)**ア**はポーツマス条約の内容である。

10日目 総復習テスト

1 (1) **本初子午線《ほんしょしごせん》** (2) **ア** (3) **ア**

2 (1) **イ** (2) X **(例)農業産出額の総額に占《し》める野菜の割合が高い**
Y **(例)東京や名古屋《なごや》などの大都市へ、新鮮《しんせん》な状態で出荷しやすい**

3 (1) **エ** (2) **ア** (3) **ウ**
(4) **(例)大量の綿織物がイギリスから輸入されるようになったから(イギリスから輸入された安い綿織物が日本国内に出回ったから)。**
(5) **エ**

解説 **1** (1)**本初子午線**は、経度の基準となる0度の経線で、イギリスの首都ロンドン近郊にある旧グリニッジ天文台を通る。
(2)地球の**赤道**より北側を北半球、南側を南半球という。赤道は、緯度《いど》の基準となる0度の緯線で、アフリカ大陸の中央部や南アメリカ大陸の北部、マレー半島のすぐ南などを通る。地図中の5か国のうち、南半球に位置するのはアルゼンチンとオーストラリアの2つ。**イ**ユーラシア大陸に位置するのは、インドのみ。**ウ**首都の経度が西経で表示されるのは、ロンドンより西の国で、アメリカ合衆国とアルゼンチンの2つ。**エ**日付を調節する役割をもつ日付変更線《へんこうせん》は、ほぼ180度の経線に沿って引かれていて、そのすぐ西にある地域から1月1日を迎《むか》える。したがって、5か国のうち最も早く1月1日を迎えるのは、オーストラリアである。

★地図で確認★**六大陸と本初子午線・日付変更線・赤道の位置**

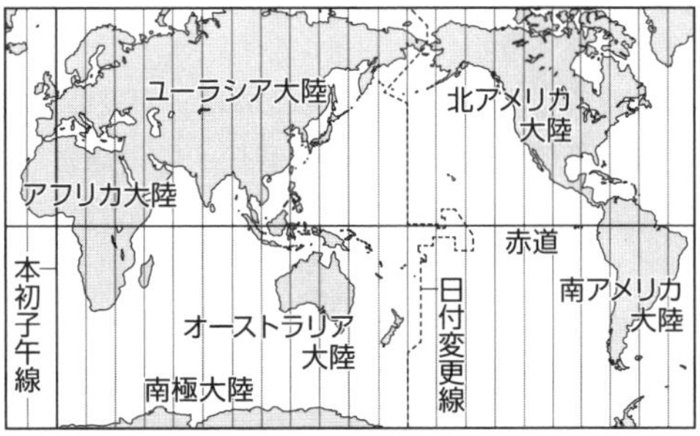

(3)1人あたりのGNI(国民総所得)が低いことや、輸出総額に占める原油の割合が高いことから、**ア**と判断する。ナイジェリアは、**モノカルチャー経済**(特定の鉱産資源や農作物の輸出に頼《たよ》る経済)の国で、発展がおくれている。**イ**は人口が14億人

を超《こ》えていることからインド。**ウ**は輸出総額に占める鉄鉱石の割合が高いことや、1人あたりのGNIが高いことからオーストラリア。**エ**は1人あたりのGNIが高く、輸出総額も多いことからアメリカ合衆国。残った**オ**がアルゼンチンである。

2 (1)富山市は、冬に降水量が多い日本海側の気候に属する。冬にシベリアから吹《ふ》く冷たく乾《かわ》いた**季節風**が日本海の上で水蒸気を含《ふく》んで湿《しめ》った風となり、山地にぶつかってその手前に雪や雨を降らせる。**ア**の豊橋市《とよはしし》と**エ**の熊本市は、夏に降水量が多い太平洋側《たいへいようがわ》の気候に属する。**ウ**の松山市《まつやまし》は、1年を通して降水量が少なく、冬でも比較的《ひかくてき》暖かい瀬戸内《せとうち》の気候に属する。

★地図で確認★**夏と冬の季節風**

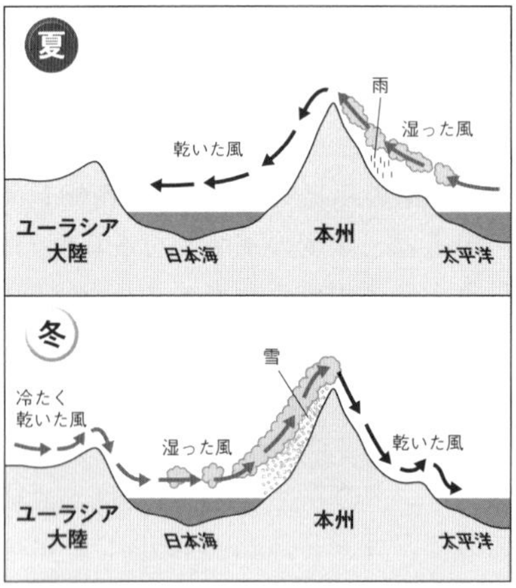

(2)愛知県の豊橋市から渥美《あつみ》半島にかけては、都市向けに野菜や花などをつくる**施設《しせつ》園芸農業**が発達している。とくにキャベツや温室メロン、菊《きく》などの栽培《さいばい》がさかん。菊は、温室で夜間に照明を当てて開花を遅らせ（電照菊）、秋から冬にかけて出荷している（**抑制《よくせい》栽培**の一つ）。

3 (1)隋《ずい》の進んだ制度や文化を取り入れることが目的だった（遣隋使《けんずいし》）。

(2)**中尊寺金色堂《ちゅうそんじこんじきどう》**が建設されたのは、平安《へいあん》時代後半の1124年のこと。**イ**は奈良時代、**ウ**は鎌倉《かまくら》時代、**エ**は室町《むろまち》時代のできごとである。

(3)将軍は御家人《ごけにん》の領地を保護したほか、手柄《てがら》を立てたときは新しい領地を与《あた》えたり、守護《しゅご》や地頭《じとう》に任命したりした。**ア**の口分田《くぶんでん》は、飛鳥《あすか》時代末～奈良時代にかけて、律令制《りつりょうせい》のもとで6歳《さい》以上の男女に与えられた土地。**イ**の国司《こくし》は、同じく律令制のもとで諸国に派遣《はけん》された役人。**エ**の管領《かんれい》は、室町幕府の将軍の補佐役。

(4)アメリカは1861年に**南北戦争**がおこり、その影響《えいきょう》から日本との貿易に立ちおくれた。そのため、当時の日本の最大の貿易相手国はイギリスだった。

(5)「ええじゃないか」は、江戸《えど》時代末期の1867年におこった。**エ**のオランダ商館が長崎の出島《でじま》に移されたのは、江戸時代前半の1641年。これにより江戸幕府が貿易を統制して外交を独占《どくせん》する「**鎖《さ》国《こく》**」の体制が完成した。

いそうおもしろい。と（私が）言っているいろいろなことが、他の人の心には、少しもおもしろくないだろうと思うのが、またおもしろい。

p.90「絶句」…川は深緑で鳥はいっそう白く見える／山は青くて花は今にも燃え出しそうに赤い／今年の春もあれよあれよという間にまた過ぎていく／いったい、いつ故郷に帰れる日がくるのだろうか

p.89『徒然草《つれづれぐさ》』…仁和寺《にんなじ》にいた法師は、年を取るまで石清水八幡宮《いわしみずはちまんぐう》に詣《もう》でたことがなかったので、残念に思われて、あるとき思い立って、たった一人で、徒歩で参詣《さんけい》した。極楽寺《ごくらくじ》・高良《こうら》などを拝んで、これだけのものと思い込《こ》んで帰った。

そして、仲間に向かって、「長年の間思っていたことを、果たしました。話に聞いていたのにも勝《まさ》って、尊くいらっしゃいました。それにしても、参詣の人々が皆《みな》山へ登っていたのは、（山の上に）何事があったのでしょうか、（それを）知りたかったけれど、神へ参るのが本来の目的だと思ったので、山までは見なかった。」と言った。

少しのことにも、その道の先導者はあってほしいものである。

p.89『平家物語《へいけものがたり》』…沖では平家が、舟《ふね》を一面に並べて見物している。陸では源氏《げんじ》が、馬のくつばみを連ねてこれを見ている。どちらを見ても晴れがましい情景である。与一《よいち》は目を閉じて、

「南無八幡大菩薩《なむはちまんだいぼさつ》、我が故郷の神々の、日光の権現《ごんげん》、宇都宮大明神《うつのみやだいみょうじん》、那須《なす》の湯泉《ゆぜん》大明神、願わくは、あの扇の真ん中を（私に）射させなさってください。これを射損じたならば、弓を切り折り自害して、二度と誰《だれ》にも会わない決意です。（私を）再び故郷へ帰そうとお思いならば、この矢を外させなさらないでください。」と心の内で祈《いの》って、目を見開くと、風も少し弱くなり、扇も射やすくなっていた。

与一は鏑矢《かぶらや》を取ってつがえ、十分引き絞《しぼ》ってひょうと放った。（与一は）小柄《こがら》とはいいながら、（矢は）十二束《そく》三伏《ぶせ》で、弓は強い、（鏑矢は）浦《うら》一帯に鳴り響《ひび》くほど長くうなりを立てて、くるいもなく扇の要《かなめ》の際《きわ》から一寸ばかりおいて、ひいふっと射切った。鏑矢は海に入ると、扇は空へと舞《ま》い上がった。（扇は）少しの間空に舞っていたが、春風に一《ひと》もみ二《ふた》もみもまれて、海へさっと落ちた。夕日の輝《かがや》いている中に、真っ赤な地に日の丸を描《えが》いた扇が、白波の上に漂《ただよ》い、浮《う》いたり沈《しず》んだりして揺《ゆ》れていると、沖では平家が、舟端《ふなばた》をたたいて感嘆し、陸では源氏が、えびらをたたいてはやしたてた。

p.88「春望」…都（の長安《ちょうあん》）は戦乱に荒《あ》れ果ててしまったが、自然は昔と変わらず元の姿のままだ／街は春になったが（人はおらず）、草木ばかりがしげっている／乱れた時世をいたみ、（美しい）花を見ても涙《なみだ》をこぼし／家族と別れ悲しんでいる身は、（楽しげな）鳥の声にも胸を突《つ》かれる／敵の襲《しゅう》来《らい》を知らせるのろしは何か月も上げられ（＝戦乱は何か月も続き）／家族からの手紙は万金に値する（ほど貴重だ）／（悲しみに）白髪《しらが》頭を掻《か》きむしれば、髪《かみ》の毛はいっそう短くなっていて／（冠《かんむり》を留める）かんざしも全く挿《さ》すことができなくなりそうだ

10日目 総復習テスト

p.87

1 (1) **ウ**

(2) **サステイナビリティがもともと含んでいる意味合い**（23字）

2 **例** **着飾ることに金をかければ家が貧しくなって、良い家来を召し抱えることができなくなり、敵と戦ったときに負けやすくなるという考え。**

解説

1 (1) それぞれの言葉の説明は、第四段落（「ここでの『まもる』は、……」）、第五段落（「『つくる』は、……」）、第六段落（「そして『つなげる』は、……」）でされている。「まもる」は「守る」と「護《まも》る」、「つくる」は「作る」と「創る」というように二通りの漢字表記をもとに説明している。また、「つなげる」は「繋《つな》げる」という漢字表記に加えて「継承《けいしょう》」という熟語を挙げ、「将来世代へと手渡《てわた》していく」ということにまで内容を広げて説明している。**ウ**が正解。

(2) 本文全体の主旨《しゅし》を読み取り、□の入った文と内容を比べてみると、「□を着実に踏《ふ》まえた」という部分は、本文の第一段落にある「サステイナビリティがもともと含《ふく》んでいる意味合いを取りこぼさないようにしながら」の部分と、意味的に重なることをつかむ。

2 行左にある補助の現代語訳を参考にしつつ、特に最後の一文に注目して、本文全体の主旨を読み取る。

いくもの」だとしている。これは、「世界を『モノ（物質）の集合』と見るか、『エネルギーの流れ』と見るか」による違《ちが》いで、世界を「モノ（物質）の集合」と見た場合、使うと減るし、「エネルギーの流れ」と見た場合、使うとどんどん増えていくと述べている。――線部①は、この考えを踏《ふ》まえて理解する。つまり、世界を「モノ（物質）の集合」と見て、世界にあるものは使えば減るものだと考える人が多い社会だというのである。正解は**イ**。

(2)「酷使《こくし》」は「ひどい使い方をすること」。

(3) 空欄《くうらん》部の後に続く内容が、前の段落とどのような関係であるかを考える。**A**：前では、お金の役割を一応認めているが、後ではマイナスの面を挙げている。**B**：気力や体力がどんな場合も使えば減るものなのかを、営業マン（とハイキング）の例を挙げて説明している。**C**：直前の一文の内容を、「錬《れん》金術《きん》」に言い換《か》えて説明している。

(4) 今の社会では、気力や体力と同様に「愛」も「また」、「使えばなくなる」と誤解されているというのである。

(5) 脱文《だつぶん》と、㋐～㋓の直前・直後の文章を読み比べ、内容・言葉のうえで関連性のあるところを探そう。ここでは「暴走」という言葉に着目する。直前で「暴走」について述べているのは、㋑である。当てはめてみて、意味の流れが自然かどうかも確かめよう。

9日目 古典

p.91 基礎の確認

❶ 歴史的仮名遣い　①おかし　④いいたる
❷ 古語の意味　イ
❸ 主語　例 萩などの枝
❹ 係り結び　こそ
❺ 漢詩の形式　ア
❻ 表現技法　一・二（順不同）
❼ 漢詩の構成　三
❽ 返り点　花ハ欲スレ然エント
❾ 作者の心情　イ

p.89 実力完成テスト

1 (1) 例 石清水八幡宮に詣でたいということ。(2) ア
(3) 例 石清水八幡宮の付属の寺社だけ詣でて、帰ってくるという失敗。

2 (1) 沖には平家、ふ～てどよめきけり
(2) こひょうというじょう　(3) 例 感嘆して

3 (1) 五言律詩　(2) 別れを恨んでは鳥にも心を驚かす
(3) 渾テ欲スレ不ラントレ勝ヘレ簪ニ

解説

1 (1) 法師が長い間しないでいて、残念に思っていたことである。

(2) 係り結びの問題。係り結びとは、前に係りの助詞「ぞ・なむ・や・か・こそ」があると、文末が終止形ではなくなるという決まり。ここは、□の後の文末が終止形の「けり」ではなく、「ける」というウ段の音に変化していることに着目して、係りの助詞の**ア**「ぞ」を選ぶ。(3) 法師は、肝心《かんじん》の石清水八幡宮《いわしみずはちまんぐう》が山上にあるのを知らず、麓《ふもと》の極楽寺《ごくらくじ》と高良《こうら》神社だけを拝んで帰ってきてしまったのである。

2 (1) 対句《ついく》は、同じ構成で、よく似た語句や対照的な語句を並べて、味わいを深める表現技法。(3) 与一《よいち》が扇《おうぎ》を見事に射切ったことに、敵・味方ともに感動・感心・感嘆《かんたん》していることを読み取る。古語の「感ず」には、「感動（感心・感嘆）する」という意味がある。

3 (1) 一句が五字で、八句から成る漢詩は五言《ごごん》律詩。(2) 二つのレ点に注意して読む。(3) レ点を三つ使い、下から一字ずつ順に返ってくる。

【現代語訳】 p.91『枕草子《まくらのそうし》』…九月頃《ごろ》、一晩中降っていた雨が、今朝はやんで、朝日がたいへん鮮《あざ》やかに差してくると、庭の植え込《こ》みの草木の露《つゆ》がこぼれるほどにぬれかかっているのも、とても趣《おもむき》がある。透垣《すいがい》（間を透《す》かして造った垣根《かきね》）の羅文《らんもん》（透垣の上に付けた、木や竹で作った装飾《そうしょく》）、軒《のき》の上などには、かけた蜘蛛《くも》の巣の破れ残っているところに、雨がかかっているのが、白い玉を糸に貫《つらぬ》き通したようであるのが、とてもしみじみとして趣がある。

少し日が高くなると、萩《はぎ》などが、（露で）とても重そうなのに、露が落ちると、枝が動いて、人が手を触《ふ》れないのに、急に上に跳《は》ね上がったのも、た

「子どもらしい」という形容詞を作る働きをしている。(2) **ア・イ・エ**は動詞などの未然形に付く否定（打ち消し）の助動詞「ない」。**ウ**は形容詞「ない」。

3 (1)①は「お座りになる」、②は「自然に感じられる」、③は「来ることができる」と言い換《か》えられる。④は「弟に」教えることを「される」ということ。(2) ①は「たった今〜したばかり、し終えたばかり」という意味。②は「去年」という過去の出来事を表す。③は「そういえば〜、確か〜」という意味を表す。④はある状態が続いていることを表す。

4 (1) 話し手以外の人の希望は「たがる」、話し手の希望は「たい」で表す。(4)「です」は、丁寧《ていねい》な断定の助動詞。

7日目 文学的文章

p.99 基礎の確認

1 状況　夕焼けの〜っていた

2 心情　例 早く家に帰りたい

3 心情の変化

例 ・村へは自分一人で戻らなければならないと知ったから。

・土エたちもいっしょに帰ると思っていたが、そうではないとわかったから。

4 表現と心情　エ

5 適語補充　Aイ　Bア

p.97 実力完成テスト

1 (1) ア (2) ア (3) イ (4) ウ (5) ウ

(6) 例 ・ハセと友達になれるかもしれないというれしさ。(23字)

・ハセが明るく、優しい言葉をかけてくれた喜び。(22字)

・ハセが自分に明るく接してくれて、うれしかった。(23字)

解説 **1** (1) 直前に「よろめいた」とある。体の構え（姿勢）が崩《くず》れたのである。

(2) 植木鉢《ばち》が落ちていく様子を目をそらさずに見ていたことが「スローモーション」という言葉からわかる。

(3) その出来事を近くで見ていた女子が事実をありのままに言おうとして、「佐久田《さくた》君が長谷川《はせがわ》君を、と言いかけた瞬間《しゅんかん》」に、ハセが「佐久田君と……」と言ったのである。この状況《じょうきょう》に合うのは、**イ**「さえぎる」。

(4) この涙《なみだ》はいろいろな思いが混じってあふれた涙だが、ハセの言葉からは「僕《ぼく》」を悪者に仕立てようという気持ちは感じられない。

(5) 今度こそ謝ろうとしているが、やはりためらっている「僕」の様子に合う擬態語《ぎたい》は、**ウ**「もじもじ」。

(6) (4)の涙と違《ちが》って、希望や喜びを含んだ涙であることを押《お》さえる。

8日目 説明的文章

p.95 基礎の確認

1 接続語　エ　**2** 段落の関係　イ　**3** 漢字　ウ

4 指示内容

② 例 一頭の子ザルがヨメガカサを食べはじめたこと。

③ 例 イイダコや、釣り人が釣った魚を食べるという習性。

5 内容把握　伝承

p.93 実力完成テスト

1 (1) イ (2) ウ (3) Aウ　Bエ　Cイ

(4) 例 愛も使えばなくなるという誤解。 (5) ㋑

解説 **1** (1) 前の部分で筆者は、世界にあるものは「2つの種類に分けられ」、「ひとつは使うと減るもの」で、「もうひとつは使うとどんどん増えて

5日目 自立語

p.103 基礎の確認

1 自立語
▼りんご・二個・買う（順不同）

2 品詞
▼十 ◎形容動詞・用 ◎体 ◎副詞

3 活用形
▼未然・連用・連体 ▼(1) 未然 (2) 連体 (3) 仮定 (4) 連用

4 活用の種類
▼五・上一・下一 ▼ア

p.102 実力完成テスト

1 (1) 副詞 (2) 接続詞 (3) 形容詞 (4) 名詞 (5) 連体詞 (6) 動詞 (7) 感動詞 (8) 形容動詞

2 (1) 五段・仮定 (2) サ行変格・未然 (3) 上一段・連体 (4) 下一段・連用 (5) カ行変格・未然

3 (1) オ (2) イ (3) イ (4) ア (5) ウ (6) エ

4 (1) 咲い・連用 (2) し・連用 (3) よい・連体 (4) 重要です・終止

解説 **1** (1)「見える」という用言（動詞）を修飾《しゅうしょく》している副詞。(4)「あそこ」は名詞のうちの代名詞。(5) 活用せず、体言だけを修飾する連体詞。形容詞と間違《まちが》えないように。(8) 形容動詞「健康的だ」の連体形。

2 終止形はそれぞれ、(1)「降る」、(2)「参加する」、(3)「起きる」、(4)「教える」、(5)「来る」。

3 (1)は形容詞「安い」。(2)は形容動詞「元気だ」。形容動詞の連用形の活用語尾《ごび》は「だっ・で・に」。(3)は形容詞「欲しい」。形容詞の連用形の活用語尾は「かっ・く・う」。(4)は形容詞「うれしい」。(5)は語尾が「～です」という形の形容動詞「冷静です」。(6)は形容動詞「簡単だ」。

4 (1)「咲《さ》い」は、五段活用動詞「咲く」の連用形（イ音便）。(2)「し」は、サ行変格活用動詞「する」の連用形。(3)「よい」は、形容詞「よい」の連体形。(4)「重要です」は、形容動詞「重要です」の終止形。

6日目 付属語

p.101 基礎の確認

2 助詞
▼(1) が・て・に (2) の・は・か

3 助詞の種類
▼格 ▼(1) 終 (2) 副 (3) 格 (4) 接続

4 助動詞
▼(1) ない・られる (2) た・そうだ (3) ようなら・たい

5 助動詞の意味
▼(1) ウ (2) イ (3) ア (4) オ

p.100 実力完成テスト

1 (1) イ (2) イ

2 (1) エ (2) ウ

3 (1) ①ウ ②エ ③イ ④ア (2) ①イ ②ア ③エ ④ウ

4 (1) カ (2) オ (3) ウ (4) ア (5) イ

解説 **1** (1)と**イ**の「で」は、接続助詞「て」が音便（「急い」「飲ん」）に付いて濁音化《だくおん》した「で」。**ア**・**ウ**は格助詞。(2)と**イ**の「の」は、体言の代用（～こと・もの）をする格助詞。**ア**・**ウ**も格助詞だが、**ア**は連体修飾語《しゅうしょく》を作る「の」。**ウ**は部分の主語を作る「の」。

2 (1) **ア**～**ウ**は推定の意味の助動詞「らしい」。**エ**は接尾語《せつび》「らしい」で、

3日目 熟語の構成

p.107 基礎の確認

1 二字熟語の構成
(1) ウ (2) オ (3) カ (4) ア (5) エ (6) イ

2 三字熟語の構成
(1) オ (2) イ (3) ア (4) エ (5) ウ

3 四字熟語の構成
▼(1) ウ (2) オ (3) ア (4) エ (5) イ
▼(1) 四・八 (2) 一・一 (3) 一・千 (4) 千・万

p.106 実力完成テスト

1 (1) ウ (2) イ (3) エ (4) ア (5) ア

2 (1) 無 (2) 不 (3) 非 (4) 未 (5) 無 (6) 化 (7) 的 (8) 的 (9) 化 (10) 性

3 (1) イ (2) エ (3) ア (4) ウ

4 (1) 不 (2) 自 (3) 一 (4) 連

解説 **1** (1)は意味の似た字の重なり。(2)は対《つい》になる字の重なり。(3)は下が上の目的・対象。(4)は上が下を修飾《しゅうしょく》。（偉《えら》い→人）(5)は上下が主語・述語。（雷《かみなり》が→鳴る）

3 (1)「油断」は「大敵」、**イ**「感慨《かんがい》」は「無量（はかりしれない）」で、上二字と下二字が主語・述語の関係。(2)「全力」の「投球」、**エ**「応急」の「措置《そち》」で、上二字が下二字を修飾している。(3)「雲散（雲のように散る）」と「霧消《むしょう》（霧《きり》のように消える）」、**ア**「行儀《ぎょうぎ》」と「作法」で、上二字と下二字が似た意味。(4)「有名」だが「無実（実質を伴《ともな》わない）」、**ウ**「外柔《がいじゅう》（外見はものやわらか）」だが「内剛《ないごう》（内面はしっかりしている）」で、上二字と下二字が反対の意味。

4日目 文節・文の成分

p.105 基礎の確認

1 文節
(1) 熱い｜紅茶を｜飲む。
(2) 朝から｜強い｜風が｜ごうごうと｜吹く。
(3) 駅までは｜ゆっくり｜歩いて｜十五分｜かかる。
(4) 今後｜どんな｜ことが｜起きるか｜わからない。

2 文の成分
▼(1) 誰（だれ） (2) どんなだ ▼(1) イ (2) ウ (3) ア
▼（修飾語）今日・ずっと・家に（順不同）（接続語）寒いので
（独立語）はい

p.104 実力完成テスト

1 (1)（主語）本が（述語）ある (2)（主語）犬まで（述語）ばてる
(3)（主語）なし（述語）信じよう (4)（主語）私も（述語）行きます

2 (1) ①ア ②イ (2) ①ウ ②ア (3) ①ア ②ウ
(4) ①エ ②ウ (5) ①オ ②ア

3 (1) イ (2) エ (3) ア

解説 **1** (2)「犬まで」という形も主語。(3)「信じ」るの主語は省略されている。(4) 述語は普通《ふつう》文末にあるが、語順が入れかわることもある。

2 (3) ②述語「ある」の主語は「とげが」。「バラには」は、何にとげがあるかを説明している修飾《しゅうしょく》語。(4) ①上の文と下の文をつないでいる。②「強まってきた」を修飾している。(5) ①この文の主語は「それは」。

3 (1) **イ**のみ主語で、他は述語。(2) **エ**のみ述語で、他は修飾語。(3) **ア**のみ述語で、他は独立語。

国語

1日目 漢字の読み書き

p.111 基礎の確認

1 読み誤りやすい漢字

(1) こ (2) あざ (3) のが (4) まぎ (5) ひた (6) すた (7) あやつ (8) なご (9) もっぱ (10) いとな (11) きんこう (12) いしょく (13) すいこう (14) けいだい (15) ひんど (16) せんりつ (17) すんか (18) ゆうち

2 書き誤りやすい漢字

(1) 券 (2) 拾 (3) 険 (4) 訪 (5) 耕 (6) 拝 (7) 補 (8) 遣 (9) 試 (10) 垂 (11) 功績 (12) 批判 (13) 招待 (14) 救急 (15) 簡潔 (16) 郷里 (17) 模型 (18) 散策

p.110 実力完成テスト

1 (1) ①きび ②おごそ (2) ①よご ②きたな (3) ①は ②うつ (4) ①もぐ ②ひそ (5) ①ひ ②はず (6) ①あいしょう ②てんせい (7) ①だ（いだ） ②かか (8) ①そんちょう ②かじゅう (9) ①きょくたん ②ごくじょう (10) ①そっちょく ②かくりつ

2 (1) ①臨 ②望 (2) ①着 ②就 (3) ①伸 ②延 (4) ①納 ②収

3 (1) ①高価 ②効果 (2) ①習慣 ②週刊 (3) ①対照 ②対象 (4) ①関心 ②感心 (5) ①追及 ②追究 ③追求

解説

1 (5)「弾」には「たま」という訓もある。(7)「抱」には「だく・いだく・かかえる」という訓がある。「いだく」には、特に大切にだくというニュアンスがある。また、ある思いをもつという場合に使われることが多い。(10)「率」を「ソツ」と読む熟語には「率先」「軽率」などもある。

2 (1) ①「臨む」は、何かに向かい合う（例海に臨む。）、ある場に出るという場合に使う。

3 (5) ①「追及《ついきゅう》」は、原因や責任をどこまでも問い詰《つ》めること。②「追究」は、あることを明らかにしようと深く調べ、研究すること。③「追求」は、手に入れたいものをどこまでも追い求めること。

2日目 漢字・語句の知識

p.109 基礎の確認

1 筆順 ・左 ・横画 ・最後

2 部首 ▼(1) ウ (2) エ (3) ア (4) イ ▼（部首）灬 （意味）イ

3 類義語 (1) イ (2) エ (3) ア (4) ウ

4 対義語 (1) ウ (2) エ (3) イ (4) ア

5 多義語 うつ

p.108 実力完成テスト

1 (1) 11・7 (2) 7・7 (3) 12・6

2 (1) うかんむり・エ (2) やまいだれ・オ (3) おおざと・ウ

3 (1) 耐 (2) 頭（入） (3) 献 (4) 失（絶） (5) 較 (6) 不

4 (1) 易 (2) 析 (3) 怠 (4) 却 (5) 真 (6) 異

5 (1) イ (2) オ (3) カ (4) ア (5) エ (6) ウ

6 (1) ア (2) ウ (3) イ (4) エ

解説

1 (1)「糸」は6画。(2) 原則的に、字全体を貫《つらぬ》く縦画は最後に書く。

2 (3)「阝」は、左側にあれば「こざとへん」、右側にあれば「おおざと」。

3 (3)「寄与《きよ》」は、人や社会などのために役に立つことという意味。

5 類義語・対義語はいつも熟語どうしとは限らない。和語、外来語の意味をよく考えて、類義、対義の語を選ぶ。

ルーズリーフ参考書　中3　5教科　改訂版

2017年3月　　初版発行
2021年3月8日　改訂版発行
2024年4月22日　第5刷

編　者　学研プラス
発行人　土屋　徹
編集人　代田雪絵
編集担当　阿部武志，相原沙弥，松田勝利，中山敏治，小野優美，山下順子
発行所　株式会社Gakken
〒141－8416　東京都品川区西五反田2－11－8
印刷所　株式会社 リーブルテック
日本紙パルプ商事株式会社

この本に関するお問い合わせ先

◉本の内容については，下記サイトのお問い合わせフォームよりお願いします。
https://www.corp-gakken.co.jp/contact/

◉在庫については　Tel 03－6431－1199（販売部）

◉不良品（落丁、乱丁）については　Tel 0570－000577
学研業務センター　〒354－0045 埼玉県入間郡三芳町上富279－1

◉上記以外のお問い合わせは
Tel 0570－056－710（学研グループ総合案内）

No.

Date

ISBN978-4-05-305248-3

C6300 ¥1200E

1130524800

定価：1,320円
（本体1,200円＋税10%）

9784053052483

1926300012002

客注
書店CD：187280　05
コメント：6300

受注日付：241129
受注No：111011
ISBN：9784053052483
1／1
42　ココからはがして下さい